JN440064

특별한 선물

특별한 선물

김예희 수필집

그루

작가의 말

이웃을 이롭게 하고 지친 영혼들에게 힘이 되기를

우리가 지난날을 되돌아보며 감회에 젖고 다가올 날을 떠올리며 설레는 것은 오늘의 나를 윤택하게 가꾸려는 소망이 있기 때문이다. 글쓰기에 몰입하면 나는 진지하게 나의 내면을 들여다본다. 스스로 뚫어지게 응시하면 한심스러울 때도 있고 나름대로 잘 살았다고 박수를 보낸 적도 있었다. 나를 깨우기 위해 누가 재촉하지 않아도 난 또 글을 쓸 수밖에 없다.

본 수필집 편집에 골몰하던 지난해 여름, 나는 소소한 두 가지 일상에서 깨달음을 얻었다. 첫째 일은 서재에 있을 때 창문에 파도처럼 일렁이는 매미의 찬가를 들었다. 이 곤충은 잠시 쉬는가 싶더니 더 분명하고 청아한 소리로 줄기차게 열창한다. 저놈은 누가 시켜서 저토록 절절하게 노래하는가? 아닐 것이다. 스스로 타고난 생태적인 습성에 온몸과 정신을 맡기고 있다는 생각이 들었다. 또 다른 일은 화단에 핀 접시꽃의 잎을 갉아 먹는 벌레 때문에 시련을 겪을 때이다. 아침저녁으로 잎의 가장자리가 도르르 말린 것을 보면 바로 가위질하여 해충이 기생하지 못하게 막았다. 그리한 까닭은 꽃을 살려내기 위해서였다.

혹시 누가 알랴. 내 스스로 몸 달아 체험 속에서 건져 올린 반짝이는 글감이 진솔하게 체화되어 삶에 지친 한 영혼에게 힘이 될 수 있을지 말이다. 터무니없이 많은 것을 욕심내지 않으련다. 내가 바라고 염원하는 것들이 여러 세월이 지난 다음에 실상으로 펼쳐지는 것을 보고 싶다. 글은 욕심으로 될 일이 아니다. 글은 천래적인 것이어야 감동이 진한 법이다. 낚시꾼들이 물속에 낚싯줄을 드리우고 무심하게 기다리는 기분을 알 것 같다. 나는 간절히 찾고 두드리는 사람에게 가장 좋은 것을 주시는 하나님의 은총을 믿는다.

첫 수필집 『생각의 삽질』(2016)을 펴낸 이후 비매품으로 자서전 『가족의 힘으로 걷는 삶의 올레길』(2020)을 발간해서 가족들끼리 나눠 읽었다. 황소걸음처럼 느리지만 꾸준했던 것이 드디어 책 한 권을 다시 엮을 수 있게 되었다. 언제나 내 곁에 함께하며 온 마음으로 응원해 준 아내에게 고마움을 전한다. 항상 책 읽기를 좋아하시는 우리 어머니의 순수한 미소를 잊지 않으련다. 또 한 분, 그리운 나의 아버지, 일제 치하의 격랑을 건넜고 한국전쟁에 참전하여 공을 세우신 암울한 시대의 영웅, 지난해 7월에 98세를 향수하시고 하나님 곁으로 돌아가신 존경하는 아버지의 영전에 이 책을 바칩니다.

2023년 2월
우봉 서재에서 김예희

차례

3부

구원의 종소리

4부

변화와 수용

1
사친事親 일화

자식을 꽃피우기 위해 거름이 되어 버렸던
어머니의 그을린 시간들을 떠올리면
눈가는 금세 촉촉하게 젖는다.

'함께'와 '가까이'

춘분 전야에 눈이 내렸다. 춘설春雪이란 말이 괜히 있는 게 아니었다. 겨우내 내린 눈만큼 수북이 쌓여서 뜻밖이다. 여느 날처럼 아내가 무심하게 커튼을 젖히더니 눈 세상을 보고 탄성을 지른다. 속잎을 틔우려던 정원의 나무들이 휘추리에 난데없는 눈꽃을 매달고 신비한 분위기를 자아내고 있었다. 갓 피어난 목화송이 같기도 하고 탐스러운 목련화를 닮은 눈꽃에 홀려 아내는 한순간에 청순한 소녀로 되돌아간다.

"여보, 오늘 뭐 하지?"

목소리가 살아있다. 가슴 뛰는 소리가 쿵쿵 들리는 듯하다.

"산에 가야지."

기대감을 눈치채고 즉답을 하자 아내는 매우 만족해하며 "고마워."라고 받아준다.

부부 사이에 생각과 감정이 늘 일치하는 것은 아닐 테다. 취미와 기호가 다르다고 탓할 일은 더더욱 아니다. 실은 테니스 동호회에 갈 계획이었는데, 날씨로 인해 일찌감치 접고 아내의 길을 따르기로 한 것이다.

아파트 경내를 벗어나자 아내는 배낭에서 등산용 소도구를 꺼낸다. 아이젠과 스패츠 두 종이다. 여섯 해 전에 한라산 등반할 때 현지에서 구입한 것을 잘 보관해 둔 것인데 오늘 빛을 본다. 아내는 내심 이런 날이 오기를 학수고대했나 보다. 나만 무심했던 것이다. 장비를 다루는 아내의 솜씨가 서툴다. 워낙 오랜만이어서 착용법이 가물가물한다. 가까스로 착용을 마치고 쌓인 눈에 푹푹 빠지며 동네 뒷산을 오른다.

눈이 녹아 흐르기 전에 사진부터 찍어야 한다. 어디를 둘러봐도 절경이다. 셀카 봉이 제때에 위력을 발한다. 우리네 마음에서 발단하여 환경이 다르게 보이는지, 환경이 마음을 움직이는지 모호하다. 평소에 대하던 그 소나무인데 오늘은 귀티가 느껴진다. 눈옷으로 치장을 하니 새 얼굴이다. 등 굽은 소나무에 쌓인 눈이 흡사 백사白蛇 한 마리가 하늘로 올라가는 형국이다. 포토 존이다. 아내를 모델 삼아 작품을 건진다. 돌아가는 길에는 눈이 녹을 것 같아서 연신 촬영 버튼을 눌렀다.

아무래도 산행에는 아내가 고수다. 내가 자꾸 뒤처진다. 그냥 나대로 뚜벅뚜벅 걷는다. 이런 거리감은 일상생활 속에서도 찾아

볼 수 있다. 이 거리감을 공존의 원리로 풀어도 될 성싶다. 칼릴 지브란의 시에는 "함께 있으되 거리를 두라."고 한다. 부부지간에, 부모와 자식 관계에 응용할 지혜이다. 함께 노래하고 춤추며 즐거워하되 서로를 혼자 있게 하라고 예언자는 권한다. 어렵지만 가능할 거라고 생각된다. 혹자는 팽이의 원리를 적용하여 설득시킨다. 팽이는 제각각 혼자 돌아간다. 약간의 거리를 두고서. 만약 거리가 점점 좁혀져 부딪치면 둘 다 넘어진다. 여기서 적당한 거리는 무엇을 뜻할까? 나는 존중감이라고 생각한다. 서로의 영역을 침범하지 않는, 그러면서도 함께하는 높은 단계의 공존의 원리를 나는 좋게 여긴다. 참나무와 삼나무는 서로의 그늘 속에서는 자랄 수 없다는 사실을 우리는 받아들여야 할 것이다.

이윽고 목적지 부근에 왔다. 만남의 장, 운동 기구가 널려 있는 지점에서 아내는 아무도 밟지 않은 순백한 눈 위에 돌연 드러눕는다. 환한 웃음을 지으며 사진을 찍어 달라고 보챈다. 영락없는 소녀다. 순간 유치원에 다니는 손녀의 깜찍한 모습이 오버랩 된다. 눈 덕분에 마냥 행복하다. 우리 말고도 쌍쌍으로 산행하는 부부들을 두 차례 만났다. 역시나 다정하고 행복해 보인다. 모든 이들을 살맛나게 해 주는 기적 같은 선물은 바로 백설이다. 하지만 이번 눈사태로 인해 시설 하우스가 무너져 내린 농가가 마음 쓰인다. 물론 보험을 들었겠지만 자식 같은 작물의 수확을 눈앞에 두고 해를 당했다면 상심이 오죽하랴. 정부의 관련 부처에서 신속한 지원이 뒤따라야 할 것이다. 공공의 행복을 위해서 춘설은 꼭 필요하다. 농수 확보와 먹을 물을 충당하기 위해서 그렇다. 여러 사람의 이득을 위해 때로는 소수의 사람들이 불편을 감수하는 너그러움을 보여야 하겠고, 공익을 해치지 않는 한 소수자를 위해 다수의 사람들이 포용해야 할 때도 있어야 할 것이다.

산꼭대기의 전망대에 올라 사경四境을 조망한다. 멀리 뵈는 들판은 폭신한 눈 담요를 덮고 풍년을 꿈꾸는 듯하고, 도심都心은 하늘의 계시를 받아 경쟁을 그치고 평화의 회담을 하는 것 같다. 나도 모르게 감탄 연발이다.

"삼월 하순에 웬 눈을 다 보다니!"

"우리 결혼식 전날, 오월 어린이날에도 눈이 휘날렸잖아……."

아내의 말이 맞다. 그날의 눈은 은총이 아니라 기상이변에 가깝다. 우리 부부는 사십 년 넘게 인고의 세월을 버티며 무수히 담금질을 거쳐 오늘에 이르렀다.

"지금 돌아보면 그때 참기를 잘했지."

아내가 실토한다. 속언에 '눈 먹은 토끼 다르고 얼음 먹은 토끼 다르다.'고 했다. 겪은 환경이 다르면 능력도 다르고 생각도 다를 수 있다는 말이다. 부부 사이도 마찬가지가 아닐까? 다름을 받아들이지 못하면 결국 나한테 흡수시켜 나와 똑같은 사람으로 바꾸려 덤빌 것이고 그 결말은 불화로 치닫게 된다. '함께'만 고집하다 보면 다소의 강제가 따르고 상대를 구속하려는 욕심이 발동할 수 있으니 경계해야 된다. 하지만 '가까이'라는 자유스러움을 곁들이면 훨씬 건강한 관계가 구축되지 않을까. 지내온 세월 가운데 용납되지 않는 게 없고 용서 못할 것이 전혀 없다. 새하얀 눈 천지를 깨어있는 정신과 마음으로 다시 한 번 둘러본다. 이 순간은 살아있는 눈사람이 된 듯하다.

우리는 이제 올라왔던 길을 되짚어 내려가려 한다. 한 시간 만에 눈이 많이 녹아내렸다. 올라올 때 눈 풍경을 찍어 두기를 참 잘했다. 잠깐 사이에 수많은 것들이 사라진다. 타이밍 싸움이다. 내려가는 길에도 아내의 손을 잡고 가기는 어렵겠다. 양손에 스틱을 짚었고 길이 미끄러워 조심스럽다. 앞서가는 아내도 뒤처져 따라오는 남편이 있기에 퍽 안심이 될 것이다. 뒤처져 따라가는 나를 탓하지 않는 아내가 고맙다. 산행에 이력이 배어 뒤도 안 돌아보고 혼자 걷는 아내가 밉지는 않다. 아마 부부는 서로의 가슴속에 행복의 집을 지어 놓고 '함께'와 '가까이'를 넘나들며 한평생 사랑의 연緣줄을 꼭 붙잡고 가는 반려자라 생각된다.

기차 여행

요즈음 일기예보는 그야말로 족집게다. 봄비치고는 빗줄기가 제법이다. 바람도 가세한다. 화장대 앞에서 꾸미기에 여념이 없는 아내를 흘깃 보며 나는 먼저 현관을 나와서 콜택시를 불렀다. 아내의 동의를 얻어 우산은 큼지막한 것으로 하나만 챙긴다. 휴대전화기에 '잠시 후 4분'이라는 문자와 차량 번호가 뜬다. 실은 승용차를 타고 갈까 말까 마지막 순간까지 망설였다. 기차를 타기로 굳힌 것은 메모지에 '기차 여행'이라고 친필로 적어 놓은 일정 계획표 때문이다. 처음 판단을 존중하고 싶었다.

한 손으로 우산을 받치고 다른 손을 아내의 어깨에 얹는다. 비 덕분에 너무나 자연스럽다. 택시가 왔다. 대문 곁에서 비를 맞고 있는 애마愛馬를 힐끗 보며 택시에 올랐다. 승용차가 만약 애정을 느낀다면 저를 외면한 주인을 못마땅하게 여겼을지, 아니면 쉼을 주어서 고마움을 가졌을까 둘 중 하나이리라.

승용차로부터 정을 떼고픈 심리가 발동한 건 한 달쯤 되었다. 삼남매 자식들이 생일상을 차려 주며 '축 고희祝古稀'라고 적힌 현수막을 내걸었을 때도 나이 듦에 대한 별생각이 없었다. 그런데 지금은 다르다. 이제껏 당연시해 온 것들로부터 벗어나야 한다고 각성한 것이다. 해묵은 옷가지를 들춰내어 버릴 것과 남길 것을 정리하는 기분이랄까. 자유로움에 대한 갈구가 간지럼을 태운다. 그래서 오늘은 마음 가는 대로 몸을 맡겨 본다.

무궁화호 열차를 탔다. 이게 얼마 만인가? 잊고 살던 고우故友를 불현듯 만난 기분이다. 아내는 창 쪽에, 나는 통로 쪽으로 나란히 앉았다. 차창 바깥에 투명 유리를 타고 빗방울들이 규칙적으로 쪼르르 굴러 떨어진다. 참 신기하다. 휙휙 지나치는 들판의 풍경, 먼 산봉우리에 걸쳐 있는 하늘 자락도 정겹다. 한세상 살면서 따뜻함을 느끼든지 냉랭함을 경험하든지 전부 마음가짐에서 기인한다. 여유로움과 자유로움이 어우러진 지금의 형편이 좋다. 공직 생활에 묶인 탓에 때맞추어 여행다운 나들이를 하지 못했었다. 퇴임하면 가고 싶은 곳을 전부 구경하자며, 늘 노래하듯이 달래며 아내의 성화를 미루어 왔었다. 아내에게 빚진 세월을 야금야금 갚아가는 중이다.

오늘만 해도 그렇다. 남편의 치과 진료에 선뜻 따라나선 것이다. 잠깐이면 되니까 아내를 병원 근처 백화점에서 쇼핑을 즐기게 하고 진료를 마치면 해후하려고 한 것이다. 집에 무료하게 혼자 있기보다는 동행하는 편을 아내가 택했다. 기차 여행이란 제의에 마음이 확 끌린 듯하다. 감춰 있던 소녀 기氣가 연록의 새순이 돋듯이 고개를 쳐든 것이다. 열차를 타는 시간은 고작 편도 30분쯤이지만 해프닝만으로도 즐겁다.

드디어 우리는 대구역에 내렸다. 대합실을 지나서 롯데백화점으로 향한다. 웬걸? 출입문이 굳게 닫혀 있다. 정기 휴무일이다. 세밀한 준비 없이 기분만 들떠 나서다보니 첫 단추에 어깃장이다. 둘이서 서로를 바라보며 공허한 웃음을 크게 웃었다. 그리곤 제집을 이고 옮겨 다니는 게처럼 우리는 우산 속에 쏙 들어가 추억의 중앙통 거리를 걷는다. 격세지감이란 이를 두고 한 말인가? 새롭게 단장된 상점과 귀공자 기품이 물씬 나는 건물들이 문화 수준을 말해 준다. 이것저것 다 풍경이 이채롭다. 아내는 점포 안을 훔쳐보며 무엇에 홀린 듯이 걷는다.

나는 오십여 년 전 대학 시절에 처음으로 이 거리를 밟았었다. 그룹 과외를 지도하느라고 시내버스를 타기도 하고 때로는 차비가 없어 도보로 내왕하던 거리다. 대학신문사에 수습기자 노릇을 하면서 교정校正을 보러 드나들던 인쇄소도 이곳 인근인데 그립다. 그때는 절박한 처지에서 꿈을 이루기 위해 몸부림했는데 오늘은 이모작 삶을 꿈꾸며 치과 진료를 하러 간다. 나이 들면서 발음의 정확도가 절실해서다. 틀니를 고정해 주는 미세한 부분이

탈이 나서 발음이 조금씩 새어 나오니 명강사 지망생으로서 진료를 미룰 수가 없다.

옛 기억을 더듬어서 대구백화점을 찾아냈다. 아내를 이곳에서 쇼핑하며 시간을 보내게 하고 치과로 향한다. 일주일 전에 맞추어 둔 틀니가 예쁘게 나왔다. 치과 병원 벽에 걸린 광고 포스터에 적힌 '이제 자신 있게 웃자!'라는 문구를 바라보며 "나도 이제 자신 있게 웃을 수 있다!"라고 외쳤더니 원장님과 간호사가 일순간 크게 웃는다. 우리 몸의 건강 상태는 우선 속병이 없어야 하지만, 얼굴에 몰려 있는 이목구비耳目口鼻가 잘생겼는지는 차치하고라도 온전하게 제 역할을 하는 것이 중요하다. 치아는 웃을 때나 말할 때 자신을 돋보이게 한다. 어찌 소중한 분신이 아니랴. 원장님은 나더러 평소 몸을 무리하게 쓰지 말고 피곤치 않도록 조심하라고 당부한다. 왜냐하면 피곤한 기운이 잇몸으로 전달되고 치아 고장을 일으키는 잠재적인 원인이 되기 때문이란다.

다시 아내가 머무는 곳, 백화점으로 돌아왔다. 통화를 하자마자 출입구로 나온다. 근 한 시간을 뭐 했냐고 물으니 아이eye쇼핑만 했단다. 워낙 알뜰한 당신이 쉽사리 옷가지 하나 건지지 못할 줄 진작부터 알고 있다. 아내는 왔던 길로 되돌아가자고 권한다. 이유인즉 어느 점포에 곁눈질로 보아둔 물건이 있다는 것이다. 봄비는 여태 바람을 타고 내린다. 도심에도 비가 필요하겠다는 생각이 든다. 메마른 인심을 적시고 공기도 정화하고 누구에게는 낭만의 계기를 제공하니까 역시 고맙게 여길 것이다.

아내의 발길이 머무는 곳에 나도 멈춘다. 매장 안으로 들어간다. 깔끔하게 정돈되어 있다. 아내는 보아둔 윗옷에 손을 댄다. 종업원이 잽싸게 나서서 여러 말로 선전을 하며 잘 어울린다고 치켜세운다. 색상이 무난하고 품도 맞다. 찜해 두고 나서 다른 옷에 눈길을 보내니 요새 유행하는 신제품을 내놓는다. 그냥 보는 것하고 실제 입어 보는 것과는 엄청 차이가 난다. 묘하다. 사람에 따라 어울리는 정도의 차이가 현격한 것이 옷이다. 옷은 입어보고 사야 한다는 말이 백번 옳다.

한 여직원이 나를 물끄러미 바라보더니 내 이름을 알아맞히며 ○○여자중학교에 근무하신 선생님이 아닌가 물어온다. 참으로 세상이 좁다는 것을 실감하는 순간이다. 제자를 만난 것이다. 까마득한 옛일인데 모른 척 지나갈 수도 있을 법한데 추억을 공유하며 인사를 해오니 얼마나 고마운가. 당시 난 초임 발령을 받은 터라 만 스물셋의 풋내기 교사였다. 여학생들한테 숱한 놀림을 받으면서 곤욕을 치렀던 기억이 새삼스럽다. 함께 공부했던 시간들을 더듬으며 잠시 세월의 열차를 타고 역주행을 했다. 금세 차를 내오고 권하는 의자에 앉아 담소를 나눈다. 새마을 운동이 한창이던 시절이었다. 대중가요 "사랑해 당신을……"이란 곡이 신선한 돌풍을 이어가던 때다. 청순한 여중생들 사이에서 두 해 남짓 인기를 누리며 가르치는 보람에 힘든 줄 모르고 열심히 근무한 것이 뿌듯하다. 군 복무를 앞두고 휴직하는 바람에 제자들하고의 마음의 거리도 자연 멀어졌다.

아내는 뜻하지 않게 옷을 네 벌이나 구매했다. 도심의 매장인 셈 치고는 저렴하고 바느질도 잘돼서 안심하고 골랐다는 것이다. 제자 되는 여직원이 사모님이라고 사근사근하게 대해 주어서 기분도 괜찮은 듯하다. 나오는 길인데 제자는 덤으로 소품을 챙겨 주니 미안하기도 하고 고맙기도 하다. 영업 잘하고 행복하기를 빌며 우리는 발길을 돌린다.

오늘 승용차 운전대를 멀리하면서 비로소 보이는 것들이 훨씬 많아졌다. 거리가 어중간한 곳은 걷고, 열차를 이용할 수 있는 곳은 미리미리 꼼꼼히 조사해서 열차로 다닐 생각이다. 운전을 즐기는 약간의 긴장이 정신 건강에 좋다고 역逆으로 논리를 펼치는 운전 마니아도 있겠지만, 운전대를 놓는 것은 더 넓은 세상으로, 더 많은 것을 얻기 위해 나서는 첫걸음이라고 생각된다.

다시 애칭으로 다가서다

아내도 내 뒤를 따라 어느덧 일흔 살에 다다랐다. 간혹 어지럼증을 앓는다. 그래서 바짝 긴장된다. 남편으로서의 보호 본능이 살아난다. 일상생활 가운데 매사에 밀착해서 동행하려고 마음먹는다.

두 해 전 섣달 중순에 지인이 오페라 초대장을 건네주었다. '라모아트 컴퍼니'의 따뜻한 스토리가 있는 콘서트에 초대받은 것이다. 호의를 흔쾌히 받아들여 동부인同夫人해서 오랜만에 구미문화예술회관 소공연장을 찾았다. 지인께서는 출입구에서 관람하러 온 손님을 맞이하고 있었다. 알고 보니 지인의 사위와 딸이 출연하는 것이었다. 사위는 예술 감독을 겸하고 있었다. 일순간 그분의 인품에 놀랐다. 보통 사람들은 그 정도 되면 딸 자랑, 사위 자랑을 하면서 구경을 꼭 와 달라고 덧붙였을 터인데 전혀 내색하지 않았다. 그런 잔잔한 감동을 얹어 인사를 나누고 진심 어린 축하를 드렸다. 우리 좌석은 무대에서 두 번째 라인에 중간 자리를 정해 주셨다. 그야말로 일등석이 아닌가. 분에 넘치는 대접을 받아 고맙고 기뻤다.

드디어 기대했던 막이 오르고 세계 음악 여행 편에서는 독일, 이태리, 프랑스, 한국 등 네 나라의 노래를 감상했고, 「폴링 인 러브Falling in Love」를 맛보기로 연출한 오페라 여행에 이어 성탄의 계절인지라 캐럴 송을 연속으로 들려주었다. 한 시간 반 정도 감상을 했다. 모든 순서가 끝나자 출연진이 모두 나와 인사를 하고 객석에서는 환호성과 함께 박수갈채가 터져 나왔다.

그런데 의자에서 일어서려던 아내가 갑자기 어지럼을 호소하면서 주저앉았다. 재차 일어나려 했지만 무대가 빙빙 돈다는 것이다. 한참을 기다려 관람객이 거의 빠져나간 다음 재차 일어서려는데 메스껍고 쓰러질 지경이라고 부축해 달란다. 그때 공연장 담당자들이 급하게 다가와 아내를 부축하여 간신히 주차장에 올 수 있었다. 나는 아내를 태워 바로 근처의 종합병원 응급실로 향했다.

밤 9시 무렵, 응급실은 비교적 한산했다. 자초지종을 설명하고 필요한 각종 검사에 응하고 안정을 취하면서 링거를 맞는다. 아내의 손을 잡고 저절로 기도가 흘러나온다.

"하나님께서 정확하게 진단해서 의사의 입에 하나님의 말씀을 넣어 주시고, 처방과 치료의 길도 하나님이 지시해서 의사의 생각에 일러주십시오."

생명의 주관자이신 하나님께서 아내의 몸 상태를 가장 잘 아시므로 원인을 찾아내고 치료의 길을 가르쳐 달라고 매달렸다. 우리 사람은 얼마나 연약한가. 부부가 한 몸이라지만 이럴 경우에는 답답하기 짝이 없다. 검사 결과는 두 시간 기다려야 된단다. 아무 일 없기를 바랄 뿐이다. 그냥 잠시 무리해서 이상 신호가 온 것이라고 마음을 달래며 방울방울 떨어져 내리는 링거의 수액만 멍하니 쳐다본다. 혈압이 한 시간 만에 정상으로 돌아왔다. 다행스럽다.

잠깐 짚어보니 아내는 최근 사나흘 동안 무리했다. 임플란트 시술 중이어서 음식물 씹는 일도 여의치 않아 고생하면서도 경로당의 식사 봉사를 자청하며 자신의 몸을 아끼지 않은 것이 병을 키운 듯하다. 어르신을 섬기는 맘으로 즐거워서 한 일이니까 화禍가 미치지 않을 것이라고 스스로 마음을 다스렸다.

그래도 간사한 것이 사람인가. 못된 생각이 고개를 든다. '입원하라고 하면 어쩌지?' 만에 하나라도 그런 일은 없어야 하고말고. 애써 잡념을 내쫓는데, 아, 반가운 소리가 들린다. 아내를 호명하면서 보호자를 찾는다. 아내가 누워 있는 침대 가까이 온 의사는 검사 결과 이상 징후는 없으니 이제 집에 가도 된다는 소견과 함께 유의 사항을 전한다.

이렇게 고맙고 감사할 수가 있으랴. 정말 이제부터 더 착하게 잘 살아야지 다짐이 앞선다. 아내는 아직 실감이 나지 않는 눈치다. 속으로는 안심이 되지만 몸 상태는 여태 온전하지 않은 모양이다. 서너 가지 검사에 시달린 후유증이 채 가시지 않았으리라. 잠시 더 지체하다가 진료비를 지불하고 아내를 휠체어에 앉혀 주차장까지 이동하여 차를 탔다. 초보자처럼 조심조심 운전하여 집까지 무사하게 왔다.

성탄절이 지나고 새해를 맞이했건만 어지럼증의 원인을 밝히기 위해 우리 부부는 신경과 병원, 이비인후과 병원, 한의원 등을 번갈아 가면서 진료를 받았다. 일상생활에 지장은 없지만 완전히 벗어나고 싶었다. 그런 동안에 나는 아내를 지키는 수호천사 역을 맡게 되었다.

어느 순간에 불쑥 나온 말이다.

"여보, 아프다는 말만 안 하면 뭐든지 내가 다 해줄게."

아내가 아파서 내가 설거지하고, 세탁해서 빨래 널고, 방 청소하고, 쓰레기 분리수거하는 것보다 아내가 건강할 때도 이제부터는 내가 할 수 있을 것 같다. 그런 다짐과 약속의 뜻을 밝힌 것이다.

내 방에서 책 읽고, 공부하고, 글 쓰는 일이 아내의 지병으로 인해 손에 잡히지 않는다. 아내를 혼자 있게 내버려 둘 수가 없다. 함께 텔레비전 보고, 거실에 그냥 누워서 뒹굴고, 사과를 깎아서 같이 먹고, 산책길에도 동행한다.

부부 사이에 상대편을 부르는 말 가운데 흔한 것이 '여보'라는 호칭이다. 나도 여보라고 부를 때가 많다. 젊은 시절엔 부모님 앞에서 들킬까 봐 부끄러워서 여보라고 부르지도 못했다. 그냥 얼굴 쳐다보는 것이 인사였고 어쩌다 얼굴 마주치고 싱긋 웃는 것이 부름이고 대답인 셈이었다.

한 번은 아내의 이름을 불러주려고 작심했다. "○○ 씨"라고 불렀더니 택배 아저씨 같다고 싫어했다. 정든 친구처럼 "○○아"하고 불러 봐도 장난하는 듯해서 며칠 가지 못했다. 어떤 부부는 애인처럼 지내면서 애칭을 사용한다고 들었다. 나는 아직 거기까지는 못 갔다.

며칠 전이다. 테니스 운동을 나가면서 아내를 혼자 두고 나만 즐기러 가는 것 같아 미안한 마음이 들었다. "언니야, 운동 갔다 올게." 했더니 '언니'라는 호칭은 싫다고 한다. 그러더니 나더러 항상 운동이 일 번이고 아내는 뒷전이라서 섭섭하단다. 그 말을 되받아 "그럼 당신 부르는 말을 '일번'으로 하자."고 제의했더니 좋다고 한다. 뜻밖의 선물을 받듯이 아내의 애칭은 지난해 정초에 그렇게 정해졌다.

세간에 떠도는 시쳇말 가운데 남자가 쉰 살 넘으면 꼭 챙겨야 할 다섯 가지가 있다고 했다. 아내, 부인, 여보, 당신, 마누라 등이다. 아내의 자리가 그토록 소중하다는 이야기일 것이다.

식탁에서도 "일번, 맛있게 잘 먹었어요."

테니스 하러 갈 때에도 "일번, 운동 갔다 올게요."

어쩌면 「폴링 인 러브」의 한 장면처럼 부부지간에 사랑에 빠지는 것이 아내의 어지럼증을 고치는 묘약妙藥일 수도 있으리라. 송년지절에 당한 아내의 어지럼증 소동은 세월 지나갈 때에 정신 바짝 차리고 아내를 일 번으로 챙기라는 엄중한 지시가 하늘에서 떨어진 것이라 여겨진다.

사친事親 일화

"예, 아버지."

"예, 아버지."

"예, 그리하겠습니다. 아버지."

농협 '하나로 마트' 매장에서 설빔 장을 보다가 아버지의 전화를 받는다. 용건은 간단했다. 구매할 품목을 빠뜨릴까 봐 일러주시면서 고향 집에서 이미 장만해 놓은 것을 중복되게 사 올까 봐 짚어 주신다.

휴대전화기를 접고 돌아서니 웬걸, 전화 받는 동안 매장의 여성 종업원 세 명이 곁으로 다가와서 신기한 듯이 나를 바라보고 있었다.

"어쩜, 세상에."

"아버지랑 그렇게 친하게 전화를 하세요?"

이구동성으로 놀랍다는 반응을 쏟아놓는다. 마치 이전 시대 사람을 만난 것처럼 대하니 내가 지금 뭘 했는지 의아스럽다. 나로서는 일상적인 일인데 감탄의 눈길로 대한 것은 아마 매장 가득 울려 퍼진 '아버지'라는 호칭 때문에 잠재되어 있던 아버지에 대한 그리움이 파도처럼 일렁거렸나 보다.

유학儒學에서는 부자유친을 가르친다. 부자지간에 '친親'의 가치는 무엇일까? 심리적 거리감에서 가까움과 정신적 유대감에서 두터움이 있다는 뜻일 게다. 나아가 서로의 일 또는 뜻에 대해 지지하고 찬성해 주며, 성심으로 돕는 사이를 말한다고 여겨진다.

그런데 남에게 자기 아버지를 말할 때는 엄친이라고 한다. '엄嚴'의 함의는 무엇인가? 우선 글자 그대로 엄하고 한편 급하다는 뜻을 지닌다. 불호령이 떨어진다고 할 때를 상상해 보라. 아버지에게는 절대 순종이고, 순종은 즉시성을 포함한다. 친함이 수평적인 끈이라면 엄함은 수직적인 추錘로서 부자 사이에 오묘한 균형감을 유지시킨다.

내 행위를 돌아보면 사춘기 때는 아버지를 싫어하며 반항도 했지만, 결혼 이후에는 맏아들의 책무성을 느끼고 잘 모시려고 마음을 기울였다. 아버지는 내색을 잘하지 않으셔서 친함을 모른 채 나는 오로지 순종만 바치려고 노력했다.

일흔 살을 넘기며 스스로 알아지는 것은 아버지에게 잘해 드려야지 하는 의무감은 이내 부담으로 작동하여 거리를 멀게 만드는 듯했다. 아버지의 기대에 어긋나지 않아야 한다는 마음도 부담이다. 그저 아버지의 삶을 존중해 드리고 모든 것을 인정해 드리면 그렇게 편하다. 평소 삶 속에서 당신의 훈계를 실천한 일화를 종종 들려 드리면 그렇게 좋아하신다.

어찌하면 부모님께 걱정을 끼치지 않고 늘 평안하게 해 드릴 것인가를 나는 결코 잊지 않는다. 내게도 딸 하나, 아들 둘이 있어 성혼한 지 십 년을 넘었다. 손주들이 초등학생이다. 아무 탈 없이 가정이 화목하고 안정된 직장 생활을 이어가는 것에 대만족이다. 굳이 세상적인 안목을 빌리면 그만하면 효자 노릇 하는 것으로 고맙게 여긴다.

매달 하순에 부모님을 모시고 정기 진료를 간다. 혈압약을 처방 받고 기초적인 검진을 한다. 그날도 아픈 사람이 그토록 많던지 대기실을 가득 채웠다. 선착 고객이 앉을 자리를 좁혀 주어서 겨우 어머니 옆에 앉았다. 기다리는 시간을 지루해하실까 봐 어머니한테 월간 잡지를 건넸다. 어머니는 '박근혜' 전 대통령의 기사를 읽으시며 매우 안쓰러운 마음이 들었나 보다. 이런저런 이야기를 나누는데 내 손은 무의식중에 어머니의 한 손을 꼭 잡고 있었다.

그때 어느 중년 여자 분이 어머니께 아들이냐고 물으신다. 그렇다고 하니

"모자 사이가 너무 다정해 보인다."
라고 하시며 말을 섞는다. 아마도 어머니의 손을 줄곧 잡고 있는 내 모습에 눈길을 계속 주고 있었나 보다.

모자지간에 '정情'의 실체는 무엇일까? 내 자식을 챙기는 애틋한 정은 사랑의 진수眞髓일 것이다. 우리는 모태에서 첫 삶의 열 달을 채운다. 어머니를 향하는 자녀의 본성은 혈연으로 맺은 친근감이며 그것은 타고나는 것이라 믿어진다. 요즈음은 건강 100세를 구호로 외치는데, 태중에서 보낸 생명의 기적과 그 은혜를 평생 잊어서는 아니 될 것이다.

어느덧 나도 부모 되어 40여 년을 알아보니, 가수 김진호 님의 「가족사진」 노랫말처럼 자식을 꽃피우기 위해 거름이 되어 버렸던 어머니의 그을린 시간들을 떠올리면 눈가는 금세 촉촉하게 젖는다. 오늘 존재의 근원이신 '어머니'라는 어휘를 순우리말 두 글자로 줄이면 '눈물'이라고 자술自述하게 된다. 1920년대 김소월 시인이 노래한 「부모」를 읊조리며 모처럼 부모님 생각에 오롯이 잠긴다.

> 낙엽이 우수수 떨어질 때,
> 겨울의 기나긴 밤,
> 어머님하고 둘이 앉아
> 옛이야기 들어라.

나는 어쩌면 생겨 나와
이 이야기 듣는가?
묻지도 말아라, 내일 날에
내가 부모 되어서 알아보리라.

— 김소월의 시 「부모」 전문

특별한 선물

휴대전화기가 울리자 나는 반사적으로 메시지를 확인한다.

"여보, 귀걸이 한 개 집에 있나 찾아봐, 연락 바람."

한 시간 전쯤에 아내가 생활 쓰레기를 분리 배출하고 와서 아파트 뒷산에 산책하러 나갔는데 귀걸이 한 개를 잃어버렸나 보다. 산길을 뒤지며 눈에 불을 켜고 찾는 모습이 선하다. 일전에 퇴임한 친구들 간의 부부 모임에 가려고 시내에 나갔다가 지인의 매장에 들렀다. 금은金銀 및 시계를 취급하는 영업점이다. 안부를 묻고 수인사를 나누는데 아내는 귀걸이에 눈독을 들인다. 그러자 여주인이 홍보에 적극 나선다. 평소 귀걸이 타령을 한두 번 들었던 터라 내가 나섰다.

"당신 생일도 다가오는데 내가 선물할게."

아내는 여주인이 권하는 귀걸이를 거울 앞에서 걸어본다.

"예, 잘 어울리네요. 요즘 많이 선호하는 품목입니다."

18K 금으로 만든 귀걸이다. 아내가 좋아하기에 선뜻 결제를 했다. 아내 눈에 쏙 드는 물건이 있어 흥정과 구매까지 단 몇 분 안에 이뤄졌다. 참으로 오랜만에 때맞추어 선물을 하게 되어 흐뭇하고 발걸음도 가벼웠다. 그날 이후 생일 지난 지가 한참 되었는데도 귀걸이 한 모습을 못 봤다.

그런데 아파트 단지의 정원에 봄꽃이 피고 날씨가 너무 화창해서 오늘 귀걸이를 걸고 셀카 봉을 들고 나가 사진 몇 장을 건졌는데 그 차림, 그대로 산행에 나섰다가 난처하게 되었다.

나도 눈에 쌍심지를 켜고 화장대며, 침대 위, 거실 소파, 주방 등을 두루 살펴봤으나 소득이 없었다. 혹시나 싶어서 쓰레기 분리수거하는 곳까지 가 보았으나 흔적을 알 길이 없다. 급히 휴대전화기를 열어 가족 채팅방의 사진을 살펴본다. 오전에 아내가 올려놓은 사진을 찬찬히 보니 그때는 귀걸이를 하고 있다. 그럼 틀림없이 산행길에서 분실한 것이 맞다.

휴대전화기가 울리고 아내의 전화를 받는다. 지금 하산하면서 길에 흘렸는지 찾으면서 오고 있단다. 나는 재차 방안을 수색한다. 쓰레기장을 다시 들러 보며 아내의 동선動線을 샅샅이 훑는다. 아예 우리 집에서 내놓은 쓰레기봉투를 들고 와서 거실에 쏟아놓고 혹시 귀걸이가 딸려 갔을까 일일이 확인한다.

그사이 아내가 들어온다. 다시 화장대부터 온 집안을 뒤진다.

쓰레기봉투를 직접 재확인해 본다. 귀걸이는 온데간데없다. 허망하다. 돈으로 치면 십만 원 내외인데, 짝을 잃으면 나머지 한 개는 쓸모가 반감되니 아깝다. 모처럼 생일날 선물한 것인데 그 의미가 퇴색되면 어쩌나? 어쨌든 찾아야만 한다는 일념에 꽂혔다.

나보다 아내가 훨씬 더 속상할 것 같다. 아내의 마음이 훤히 들여다보인다. 그래서 기분 상하게 할 말을 뱉지 않으려 애쓴다. 예전 같았으면 벌써 타박하는 몇 마디를 날려서 아내 가슴에 불을 질렀을 것이다. 이 순간은 그럴 마음도, 생각도 전혀 동하지 않는다. 제대로 익어가는 것인지? 일시적인 현상인지? 더 두고 스스로를 돌아봐야 알 일이다.

이번엔 먼저 내가 제안한다.

"여보, 산행길을 따라 다시 찾아보자."

"그래, 그래야겠지?"

부창부수? 오늘은 아내가 앞서고[婦唱] 나는 뒤따라간다[夫隨]. 한 발 한 발 길섶을 뒤지며 기어가듯 산길을 오른다. 진달래 군락지에 이르자, 아내가 걸음을 멈춘다. 여기서 셀카를 찍었다고 한다. 꽃그늘에서 아래위로, 좌우로 앉은뱅이를 돌며 뒤져도 허탕이다. 검불밭에서 바늘 찾는 격이다. 순간 나는 '우리는 찾을 수 없다. 하늘이 도와 눈에 띄게 해야 가능하다.'라고 생각이 일었다.

정신을 추스르고 다시 산을 오른다. 능선을 따라가며 길섶을 살핀다. 드디어 아내가 머물렀던 마지막 지점이다. 여기서 모자를 벗고 잠시 쉬면서 휴대폰 갤러리에서 사진을 감상했단다. 앉은 자리를 꼼꼼하게 훑어보고 신갈나무 마른 잎을 뒤져봐도 귀걸이는 없다. 몇 번을 확인해도 보람이 없다.

"그만, 가자."

포기하자는 의미로 한마디 던졌다.

"난 찾아야 돼. 못 가."

아내는 단호하다. 할 수 없이 나도 아내 있는 곳을 향해 돌아선다. 바로 그때였다. 내 눈에 들어온 반짝이는 물체가 있었다. 그 물체는 고리 형상이다. 귀걸이였다.

"여보, 찾았어."

내가 빛나는 귀걸이를 건져 올렸다.

아내는 반신반의하며 이쪽으로 고개를 돌린다. 의기양양하게 귀걸이를 흔들어 보이자 환한 미소와 함께 반색을 한다.

"정말이네. 어떻게 찾았어?"

정확하게 말하면 내가 찾은 것이 아니다. 하늘이 내 눈에 띄게 도와준 것이다. 기쁨도 잠시잠깐. 조금은 허탈한 기운이 감싼다. 틀림없는 현실이다. 세 시간가량 딴 세상에 살다 온 듯하다.

아내가 그간의 마음고생을 꺼낸다. 내가 뭐라고 좀 나무라고 핀잔을 주면 오히려 마음이 더 편할 것 같았는데, 원망도 불평도 없이 자기가 하자는 대로 수긍하며 열심히 귀걸이 찾는 일에 함께하니 심기가 더욱 고단했단다. 중간에 '못 찾으면 한 개만 걸고 다니지.', '다른 금붙이 갖다주고 똑같은 것으로 한 개 만들지.' 등 혼잣말을 되뇌며 속 풀이를 했다고 한다.

나는 나대로 한순간도 못된 생각이나 아내를 타박하는 마음을 품지 않았다. 하늘이 찾게 해 줘야 찾는다는 일념으로 공감과 성심을 보탰을 뿐이다. 세 시간가량 하늘이 남편의 함량을 달아본 건가? 그럼 생명의 날 동안, 끝까지 믿어도 될 짝꿍으로 나는 아내한테 합격점을 받았을까? 하여튼 몇 해 만에 바친 특별한 생일 선물은 귀걸이보다 더 반짝이는, 아내를 향한 '절대긍정'의 믿음이 아닌가 싶다.

아내를 위하여

집안의 핵核은 아내이다. 아내를 맞이함으로써 가정이 성립된다. 아내를 사랑하는 것은 곧 남편 자신을 사랑하는 길임을 성경에서 배웠다. 아내와 함께한 세월의 굴레 속에서 고단한 생활의 하소연과 서로를 아끼는 속내를 토대로 귀하고도 아름다운 가정이 세워진다.

남편 한 사람을 바라보고 믿음으로 결혼했는데, 시댁의 식구를 비롯한 객식구들이 등장하는 바람에 복잡한 관계망에 얽히고 아내는 순식간에 사면초가에 갇힌다. 마치 감자를 캐면 땅속의 원뿌리로부터 갈라진 곁뿌리들에서 열매가 주렁주렁 딸려 나오듯이 말이다. 이런 예기치 않은 상황에서 누가 아내를 구해야 하는가? 이는 우문愚問에 불과할 것이요, 오직 남편뿐임이 현답賢答이다.

때로는 아내를 위하여 나는 대체 무엇을 해 왔는지 돌아보게 된다. 젊은 날엔 살기에 바빠 하루 일과가 어찌 지났는지도 모를 정도로 각박한 생활의 틀 속에 매여 있었다. 칠순을 넘기면서 더더욱 아내를 곁에서 응원하고 위로하며 지켜줘야 한다는 각성을 한다.

미국의 지미 카터 전 대통령 부부가 어느 모임에서 이런 말을 남겼다고 한다. "가족이란 특히 부부는 사랑이 30%, 용서가 70%"라고 하자, 그 부인이 벌떡 일어나서 "사랑은 10%, 용서가 90%입니다."라고 고쳐 말했다고 한다. 이처럼 가족 관계나 특히 부부 관계도 살아오면서 사랑보다는 용서할 때가 많은가 보다. 나의 경우도 이해하고 용서한 경우가 사랑했을 때보다 훨씬 비중이 많았음을 자인한다.

잠시 우리의 감정, 그 미묘한 흐름을 따라가 보자. '이해理解'한다는 것은 사리를 분별하여 해석을 하는 것을 의미한다. 그런데 이 말뜻 속에는 어떤 상황에서라도 자신을 잘 다스리며 적극적으로 남을 받아들이는 자세가 함의되어 있다. 영어로 'understand(이해하다)'라는 단어는 서로의 입장 차이를 잘 나타내준다. 바로 낮은 자리에서 상대방을 바라봐야만 참으로 이해를 할 수 있다는 가르침이 배어 있다. 부부 사이에도 상호 관계를 밝고 건강하게 만들 건지, 흐림 상태로 그냥 살 건지 그 결정은 두 사람의 태도에 달려 있다고 본다.

사랑은 이 세상 최고의 가치이다. 지고지순한 부부의 사랑은 하늘의 별과 같이 빛나고, 이 땅의 아름다운 어떤 꽃보다 영원한 값어치가 있다. 지구상의 어느 부부이든지 사랑을 시들지 않게 오래오래 이어가기는 쉽지 않은가 보다. 사랑에 장애가 생기면 이를 치유해 주는 것이 이해와 용서라는 감정이 아닐까? 만일 이해도 못해 주고 도저히 용서도 할 수 없는 처지에 이르면 그 가정은 파탄 일로를 밟게 될 것이 뻔하다.

아내를 진정으로 사랑하고 위한다면 '함께하기'를 실천해야 한다. 영국 축구팀 맨유Manchester United의 알렉스 퍼거슨Alex Ferguson 감독이 은퇴했다(2013년). 그의 은퇴의 사유는 다음과 같이 전해온다.

"제 아내를 위해 감독직을 그만두려 합니다. 여생을 아내와 함께 지내기 위해서입니다."

그는 아내와 가정생활 해 본 것이 수십 년이나 되었다고 회고하면서 아내를 위해 그 많은 상패와 영광의 휘장을 창고에 넣어두려 한다고 하여 세계인의 가슴을 뭉클하게 만들었다.

흔히 우리는 가정을 지킨다고 말한다. 아니 반드시 지켜야 한다고 강조한다. 가정을 지킨다는 의미는 아내와 자식을 먼저 배려하라는 강령이다. 남편의 삶이 바깥으로만 치중되면 가정을 바로 세울 수 없다.

무엇보다 식사 함께 하기가 부부간의 기본적이고 소중한 생활지침이다. 예전에는 남성은 부엌에 드나들지 않음이 미덕이었다. 지금은 남녀가 함께 음식을 요리하고 상을 차린다. 요즈음은 요리 잘하는 남편이 잘난 사람이다. 나도 가끔은 아내로부터 요리를 배운다. 배워서 솜씨를 내 본다. 상에 올라온 반찬은 가리지 않고 잘 먹는다. 상床 위의 찬은 한 번이라도 반드시 맛을 보고 반응을 한다. 말 한마디에 천 냥 빚을 갚는다는 속언처럼 기왕에 하는 말을 듣기 좋게 발설한다. '야, 이것 먹을 만한데!'라고 말하기보다는 '와우, 이것 정말 맛있네!'라고 하는 편이 훨씬 낫다. 집안 행복의 절반은 식탁에서 좌우된다고 해도 지나치지 않으리라.

또한 성경에는 부부가 각방各房 쓰는 것을 금한다(고린도전서 7 : 5). 부득이하게 기도할 사안이 있어 특정 기간을 합의하여 방을 따로 쓸 것을 허용한 것 외에는 불허했다. 장기간 각방을 쓸 경우에 생길 마음의 틈새를 미리 막아준 것이요, 나이 들면서 조석으로 서로의 건강 상태를 살펴주고 안전하게 보호하는 기능을 강화해 준 것이라 믿어진다.

그 외에도 함께하기는 여러 방안이 있으리라. 부부가 취미 생활을 같이 하면서 시간을 함께 보내기는 금상첨화이다. 배드민턴, 골프, 테니스 등 같은 운동을 즐기는 것이 건강에 좋다. 독서나 영화 감상도 함께 하고 느낌을 같이 나누면 집안 분위기는 향기가 날 것이다.

그럼 왜 아내를 앞세우며 여성을 위해야 하는가? 인생 또는 삶을 영어로 'life'라고 표기한다. 이 단어 속에 'if'란 철자가 담겨 있다. 잘 알다시피 'if'절은 가정假定이나 조건을 이끈다. 인생의 미래가 예측 불허임을 암시한다. 우리는 무수한 선택의 기로에서 신중한 판단을 해야 하므로 늘 부담을 안고 살아가게 된다.

그런데 여성이 결혼을 하면 아내라는 역할이 가중된다. 아내를 영어로 'wife'라고 표기하는데 그 안에도 'if'란 철자가 들어 있다. 이 사실을 알아낸 순간 놀라웠고 그 의미가 심장深長했다. 여성의 업보란 말인가? 태초에 에덴동산에서 선악과를 따 먹은 죄벌이 중하여 하나님은 하와에게 임신하는 고통을 크게 더한다고 (창세기 3 : 16) 하였다. 이로써 아내의 책무는 남편의 노동의 수고보다 훨씬 무겁게 와 닿는다. 이중고를 겪는 아내의 처지를 생각하면 남편이 갑절의 노력으로 아내를 챙겨야 함을 알게 된다.

우선적으로 부부는 서로를 인정하고 지지해 주어야 한다. 나는 아내와 한 몸, 한 편, 한 팀을 이루는 일에 힘을 기울인다. 결혼 생활 삼십 주년이 지나서야 깨닫고 그 이후로 실천하려고 애쓴다. 무조건 대꾸를 안 하였고, 아내와의 약속이 먼저라면 그 선약先約을 지켰다. 다소 나와는 맞지 않은 주장이 있더라도 주도권을 아내에게 내어주고 잠잠히 따랐다. 반면에 내 주장을 아내가 받아들이지 않으면 더 설득하고 그래도 안 되면 내 생각을 바꾸어 나 자신을 변화시켰다. 적어도 이렇게 하는 것이 아내에게 대한 예의라고 여겨 아내를 존중한다.

어느 부부이든 신혼 시절의 단꿈을 잊을 수 없을 것이다. 혼인예식장에서 주례의 말을 귀담아들었다면 그 말씀이 생각날 것이다.

"오늘의 주인공 신부 입장이 있겠습니다."

이때 하객들은 큰 박수갈채로 호응했다. 아내를 '오늘의 주인공'으로 대우하겠다는 다짐이 결혼식 당일만 아니라 평생 유효해야 할 것이다. 이는 여러 증인 앞에서 서약했기 때문이다. 하지만 세월이 사랑의 맹세를 희미하게 만들었고, 생활에 얽히고설켜 아내도, 남편도 그때의 소금 약속을 잊고 산다. 아내를 삶의 주인공으로 대우하려면 응당 의사 결정권을 양보해야 한다. 그렇다고 일방적으로 남편의 권한을 내려놓으라는 말이 아니다. 부부는 협력자이며, 동역자이다. 가족의 질서는 항상 부부가 우선이고, 다음은 부모이고, 자식은 마지막 순이다. 아내를 진정으로 위하는 것은 가정의 화목을 지키는 길이요, 부모님의 마음을 편안하게 해 드리며, 자녀들에게 사랑의 본을 보이는 교육의 한 방안이라 생각한다.

부부의 삶을 노래하자

하늘이 부부의 인연을 맺어준다는 통설通說이 전해 온다. 하늘이 남녀의 결합을 주선했다는 뜻은 매우 이상적인 만남임을 전제하는 것일 게다. 한편 결혼이 인륜의 대사인 만큼 사람들에게만 맡겨 둘 수 없어서 하나님이 직접 나선다는 의미로 풀어 볼 수도 있겠다. 이를 곧이곧대로 받아들이면 왠지 마음이 든든하다. 결혼 44주년을 지낸 나의 경우를 되돌아보면, 하나님의 경륜으로 중매를 통해 쉽사리 아내를 만났고, 게다가 평소 바라던 조건에 맞은 배필임을 감사할 따름이다.

부부가 낙관樂觀의 씨줄과 긍정肯定의 날줄로 삶을 짜면 얼마나 좋으랴. 가정의 매사를 낙관적으로 해석하고, 금방은 걱정되고 해결의 실마리가 아득해도 긍정적으로 풀이하면 나중엔 웃게 된다. 부부끼리의 말 한마디, 손발의 움직임 하나하나도 마치 오선지에

음표와 박자를 그려 넣는 심정으로 대하면 부부의 삶은 언제나 행복한 노랫가락으로 울려 퍼지리라. 부부의 삶에 늘 담아두어야 할 최고의 가치는 서로 사랑하고 존중하는 데 있다고 생각된다. 부부 사이에 화목의 단초가 되는 핵심 가치를 한 글자로 표시하면 무엇이 적합할까? 어느 한쪽으로 치우치는 것을 경계할 때 '고를 균均'자가 떠오른다. '균均'자로 시작되는 어휘 셋을 택하여 부부의 덕목을 기리고자 한다.

균형均衡을 노래하자. 균형balance을 맞추자면 어느 한쪽으로 기울거나 치우치지 아니하고 고른 상태를 유지해야 한다. 부부가 살림살이를 배분하는 것이 쉽지 않지만, 꿀벌을 보라. 벌집 안에서 꿀벌들이 뒤엉켜 섬세한 협력으로써 균형을 이루고 산다. 아마도 꿀벌 사이에 분명하고 투명한 의사소통을 통해 생존의 효율성을 높이는가 보다.

부부 사이의 균형은 물리적인 것과 정서적인 면을 함께 챙기는 것이 소중하다고 하겠다. 직장의 일에 치중함으로써 가정을 챙기는 데 소홀함이 없는지, 자녀에게 몰입하느라 부부가 서로를 세워주는 일에 등한한 것은 아닌지 살펴보아야 한다. 나아가서 시간 씀씀이의 추錘가 부부 중에 한쪽으로 기울어지지 않았는지를 짚어보고 서로의 취미와 관심사를 존중하면서 두 사람이 함께하는 시간을 늘리자.

흔히 부부는 일신一身, 한 몸이라고 규정한다. 혼례를 올릴 때 주례자 앞에서 엄숙하게 서약도 했다. 그렇다면 실생활에서도 언제나 한편이 되어야 하고, 항상 한 팀을 이루어야 한다. 자녀가 태어나더라도 부부의 위상에 틈새가 생기지 않아야 한다. 육아에 전념한다고 남편을 소홀히 하거나, 자녀 교육을 아내에게 일임해 버리는 것은 옳지 않다. 간혹 자녀의 교육관에 이견이 생길 수도 있다. 그럴 때라도 상의하고 부부가 합의한 선에서 아들딸에게 지원해야 할 것이다. 이것이 가족의 화목을 위한 길이기 때문이다.

언어생활도 마찬가지다. 무심코 상용하는 언어 가운데 상대방을 키워주고 살려주는 대화가 모자라지 않았는가? 지금 바로 점검해 봐야 한다. 단점을 지적하고 비판을 내세우는 말은 화목한 분위기에 찬물을 끼얹는 것과 진배없다. 최고의 찬사는 실기失機하지 않고 제때에 전하는 칭찬의 말이다. 성경에서 따온 한 구절이다.

"경우에 합당한 말은 아로새긴 은쟁반에 금 사과니라."(잠언 25 : 11)

말 한마디로써 다툼과 오해를 막아내고 풀어줄 수 있으면 집안은 늘 화평할 것이다. 언어는 때로는 도구요, 때로는 무기다. 부부끼리 좋은 말을 나누며 몸의 활력과 함께 마음의 기운까지 용솟음치게 하자.

균등均等을 노래하자. 균등은 역할role에 관한 사항이다. 집안일을 남편과 아내의 재능에 따라 고르게 나눠 책임지면 갈등을 예방할 수 있다. 요즘엔 아내의 전유물처럼 각인된 일감은 없어졌다. 육아를 비롯한 가사 노동, 심지어 외부 활동에서도 여성을 옥죄는 규정은 찾아보기 힘들다.

가족이 모두 행복해지기 위해서는 효율적인 가사 분담이 한몫을 한다. 원칙이 따로 없다. 잘하는 일을 자청해서 맡으면 그만이다. 상대의 일하는 품새가 다소 서툴러 보이더라도 잔소리를 하지 않아야 한다. 처음엔 생소하여 실수도 있겠지만, 하다 보면 살림 노하우가 생기고 곧 익숙해지는 법이다. 나의 경우는 설거지, 빨래 널기, 방 청소 등은 정말 자신이 있다. 이런 일들의 공통분모는 인내심을 요구한다. 나는 좀 느긋하여 아내한테 미련하다는 핀잔을 듣는데, 이것이 때로는 장점이 되기도 하니 참으로 기이하다. 이래저래 남녀의 조합은 하늘이 조화롭게 짝지어 주나 보다.

양성 평등이므로 부부가 가정행복주식회사의 공동 대표이다. 두 사람은 한 몸인데 다양성을 인정하고 서로에게 든든한 지원자로 살아감이 옳다. 4차 산업사회는 협업協業을 지향한다. 여기서 '업業'자는 전문성을 가리킨다. 부부가 각자의 전문성을 살려 희망과 기회도 함께 누리도록 서로를 응원하면 신뢰감이 소복소복 쌓일 것이다.

균질均質을 노래하자. 균질은 과학적인 용어이다. 일정한 상황에 있는 한 개 물체의 어느 부분을 잡아도 물리적, 화학적으로 동등인 성질을 가질 때 그 물체는 균질이라고 한다. 가정에서 남편과 아내가 느끼는 생활의 무게는 차이가 날 수 있지만, 어떤 사정과 상황에서도 만족의 질quality은 같아야 하고 행복감을 함께 누려야 한다. 위로 부모님 섬김과 아래로 자식들 돌봄에 한없이 희생하던 시대는 지났다. 부부가 동의한 수위에서 부모를 공경하고 자식은 적당한 선에서 독립채산제로 돌려세워야 한다. 집안 질서의 첫 번째 순위는 부부이며 가정의 주체와 중심은 오직 부부, 두 사람이다. 이것은 하나님이 정해 주신 절대 강령이다.

나는 신혼 시절에 부모님께 매달 드리는 용돈의 액수에 대해 아내와 신경전을 치렀다. 내가 제시한 선보다 아내는 낮추어 잡은 까닭이다. 나중에 안 일이지만 부모님은 그 액수의 많고 적음에 전혀 마음을 쓰지 않으셨다. 그저 자식한테 공경 받는 것이 즐거우셨던 것이다. 나도 자식 셋을 성혼시켜 떠나보내고 나니, 우리한테 아쉬운 소리를 안 하고 저희들끼리 후대를 기르면서 가정을 지키는 것 그 자체에 감사함이 넘친다.

지역 농협에서 운영하는 노인대학에 한 학기를 수강했다. 강사들이 하는 말씀 중에 귀에 쟁쟁 울리는 것은 자식들한테 재산을 물려주지 말라는 당부였다. 우리 부부도 역시 재산보다는 신앙의 유산을 남겨주는 것이 옳다고 받아들인다. 직장에서 은퇴한 이후에도 나름대로 텃밭 가꾸기, 취미 생활, 봉사 및 기부 활동 등에 열심히 참여한다. 자식한테 짐이 되는 일이 생기지 않도록 하려고 청춘의 기상을 지키며 이모저모 노력을 기울인다. 자식한테 쏠리는 잔신경으로 인해 부부가 누리는 행복감이 떨어지는 것을 막아내야 하리라.

가정은 태초에 하나님께서 창설하셨다. “남자가 부모를 떠나 그의 아내와 합하여 둘이 한 몸을 이룰 것”(창세기 2 : 24)을 규정하시고, “아내는 결실한 포도나무로, 자식들은 어린 감람나무”(시편 128 : 3)에 빗대어 영원히 복을 주시겠다고 선포하신다. 부부가 중심 되어 세워진 가정을 하나님이 직접 챙겨주심을 의심 없이 믿는다. 이 땅의 부부들이여, 서로 생명처럼 아끼고 존중하면서 가정을 든든하게 세우는 일에 진력하며 고달플 때나 즐거울 때나 부부의 삶을 합창하자.

어떤 후회와 다짐

열흘 만에 아내가 퇴원한다. 링거액을 맞을 기간이 끝나자 통원 치료를 허락받았다. 나는 보험회사에 청구할 서류 일체를 발급 받아 팩스로 전송하고 십여 분을 기다렸다. 어렵사리 담당자와 통화하여 접수된 것을 확인하고 나니 오전 11시 30분이다. 짐을 챙겨 병원 문을 나선다. 절기상 오늘이 경칩이라 봄볕이 따사롭다. 병원 문 앞에 주차된 승용차에 타려는 순간 아내에게 묻는다.

"여보, 점심 먹고 갈까? 주꾸미 요리 잘하는 집이 있는데."

"그러지 뭐."

아내가 즉각적으로 동의한다. 식당에 들어서니 마수걸이 손님이다. 주문을 해 놓고 기다리는 동안 열흘 전에 당한 사고事故가 주마등처럼 눈앞을 스쳐 간다.

은퇴한 직장 동료 셋이서 부부 동반으로 자전거 라이딩bike riding을 기획했다. 낙동강 둑을 달리는 자전거 전용 도로를 타고 칠곡보까지 달리기로 했다. 당일 동락공원 주차장에서 오전 11시에 만나서 출발했다. 각자의 자전거로 부부끼리 팀을 이뤄 앞서거니 뒤서거니 자기 마음대로 달린다. 부인들은 자전거 타기 교육을 수료한 지 다섯 달 남짓한 동기생이다. 그중에서 아내가 상대적으로 실력이 빠진다. 게다가 초행길이다.

우수 절기 이후라서 강바람이 훈풍이다. 우리 부부는 친구네의 안내를 받으며 천천히 달린다. 거의 평탄한 길이어서 순조롭다. 30여 분을 달리다가 중간 지점에서 휴식을 한다. 저만치 칠곡보 설치물이 보인다. 스트레칭을 하고 새 마음으로 다시 달렸다. 오르막 구간을 가는데 휴대전화기가 요란하게 울린다. 받을까 말까 멈칫하다가 전화를 받았다. 일 분쯤 길게 통화가 이어진다. 아내더러 먼저 가라고 손짓을 하였다. 통화를 끝내고 힘차게 페달을 밟는다. 드디어 앞서간 그룹을 따라잡나 싶은데 갑자기 숨어버린다. 거의 직각으로 굽어져 터널 구간이다.

감속하여 터널 안으로 들어서자, 아내가 사고를 당해서 길바닥에 앉아 있고 친구네 부부가 응급 처치를 한다. 아찔하다. 터널 입구에는 차량의 통행을 막는 교통 규제 봉이 두 개 놓여 있었다. 아내는 이것을 늦게 발견하고 미처 피하지 못했다. 약간 내리막길을 감속하지 않고 자신만만하게 지나가려다가 자전거 뒷바퀴가 봉에 걸리는 바람에 그대로 넘어졌단다. 터널 벽에 부딪히면서 왼쪽 손목을 짚었는데 그게 사고로 이어진 것이다. 머리와 무릎, 팔꿈치에 보호 장구를 착용했기에 그나마 다행스럽다. 우선은 통증이 없어서 무사하리라 여겼다.

순간 후회가 밀려온다. 내가 전화를 받지 말고 아내를 바짝 붙어서 따라가야 했는데 때늦은 뉘우침이다. 같이 가려고 기다리던 아내를 먼저 가라고 손짓한 일이 사건의 발단이다. 친구네한테 위험 구간을 지날 때 안내해 달라고 요청하지 않은 것도 잘못되었다. 특히 아내에게 초행길이니 감속하여 안전하게 달리라고 주의시키지 못한 점이 정말 안타깝다. 허탈감이 하늘을 찌른다.

그러나 이젠 닥친 일을 수습해야 한다. 아내가 자전거를 탈 처지가 못 되어 나는 다시 출발했던 주차장으로 되돌아와서 내 자전거를 승용차에 매달고 저속 운전을 한다. 이미 평상심을 잃었는데 혹여 이차 사고를 막기 위해 정신을 바짝 차린다. 마침내 일행이 기다리는 곳까지 안전하게 갔다. 강변 생태공원에서 준비한 음식을 나눠 먹고 곧장 우리 아파트 인근에 있는 정형외과로 가서 진료를 받았다. 엑스레이 촬영 결과, 손목뼈가 부러졌고 탈골도 밝혀졌다. 바로 입원하라는 원장님의 엄중한 소견이 떨어졌다.

마른하늘에 천둥이 울리고 번개가 치는 격이다. 한 치 앞을 못 보는 인생이라더니 그 말대로다. 아침에 나온 집을 다시 못 들어가고 입원실로 가야 한다. 입원 수속을 밟는데 보호자의 서약이 필수 사항이다. 간호사의 설명을 듣고 남편 자격으로 서명을 했다. 그리곤 2인실 방을 차지했다. 마침 비어 있던 방이어서 우리만 자유롭게 쓸 수 있다. 내가 집에 들렀다가 저녁에 병원에 가니 아내는 병원에서 제공하는 식사가 맞지 않아 하소연한다. 다음날 아침부터 집에서 밥을 해 오란다. 이렇게 살아있음이 감사한데 무엇인들 못하랴. 밥은 밥솥이 하는 것이고 냉장고에 있는 기존 반찬을 데워 먹는 수밖에 없을 듯하다.

이튿날 회진回診을 온 원장님이 진찰한 후에 손의 부기가 빠졌다며 오전에 수술할 것이라 예고한다. 부분 마취를 하더라도 절차가 까다롭고 보호자 서약도 받는다. 원래 생명은 하나님의 것이니 하나님을 의지하며 그분의 도움을 간구할 도리밖에 없지 않은가. 다급하니까 마음과 생각이 온전히 기도로 변한다. 아내가 수술실에 들어간 뒤 약 1시간 반 동안 수술 장면과 과정을 상상하며 안전을 희구하는 기도로 채웠다. 드디어 아내가 간호사의 부축을 받으며 나온다. 고마움과 안도감에 제정신으로 돌아온다.

성경에는 "내일 일을 너희가 알지 못한다. 너희 생명은 잠깐 보이다가 없어지는 안개이다. 그런즉 허탄한 생각과 자랑을 삼가라."(야고보서 4:14-16)는 말씀으로 경고한다. 집에서 나갈 때 기도하고 돌아와서도 감사 기도를 챙기는 것이 정말 귀한 일임을 깨닫는다.

우리는 사고 당한 후회의 심정을 감사의 마음으로 바꾸고 입원실 체험을 시작한다. 수시로 간호사가 보살핀다. 나는 고작 아내 곁을 맴돌며 이야기 상대가 되고, 삼시 세끼 식사를 챙기는 것이

나의 책무이다. 밥과 찬을 전자레인지에 데워서 먹고 설거지하는 일, 후식 및 간식으로 과일을 챙기는 등 아내의 조언을 새겨듣고 따르면 된다. 남편을 자기 곁에 붙들어 놓은 것으로 아내는 위안을 삼는가 보다. 아내와 둘이서 밀착해서 오랜 시간을 나누게 하심을 감사할 따름이다. 우리가 함께한 시간을 이처럼 오붓하게 가진 일이 별로 없기 때문이다.

사나흘 지나자 이제 냉장고에 있던 반찬도 다 떨어지고 요리를 만들어야 할 처지가 된다. 쌀국수를 사 왔다. 정수기에서 끓인 물을 받아 쌀국수를 넣고 이를 전자레인지에 오 분 동안 데웠더니 감쪽같이 맛있는 한 끼 식사가 된다. 시금치를 사다가 전자레인지에 4분간 데치면 부드럽게 조리가 된다. 계란은 밥 지을 때 함께 익혀서 먹고, 쇠고기 생각이 나서 집에서 구워 와 전자레인지에 살짝만 데웠더니 먹을 만하다. 이참에 음식 조리는 아내와 늘 같이 하는 것이 좋으리라는 생각이 든다. 아내도 대체로 만족하는 듯하다. 소꿉놀이하듯 한 열흘간의 입원실 동거 생활이 우리 둘을 더욱 다정다감하게 엮어 주었다.

아내는 나이 일흔에 자전거 타기를 배워서 초급반, 중급반을 이수하고 도전의 성취감에 흠뻑 젖어 있었다. 그리고 열 군데 넘는 가게를 수소문하여 기어이 체형에 맞는 자전거를 구입한 후 애마같이 소중하게 여긴다. 코로나19 기세에 움츠려 지내다가 도심을 벗어나 라이딩을 하게 되어 무척 좋아했다. 그런데 부상당

할까 봐 조신하던 우려가 현실로 닥치니까 자식들한테나 지인들한테 자전거 타다가 다쳤음을 숨기고 싶어 했다.

이번에 부상당한 것은 예방주사 맞은 셈 치고 매사에 알뜰하게 대비하여 안전을 최우선으로 하는 것을 생활신조로 삼겠다. 사람은 연약한 그릇이므로 하나님께서 지켜주실 때 강하며, 하나님이 인생의 피난처임을 명심하고 더욱 그분을 의지하게 된다. 부모님으로부터 독립하여 가정을 이루었고, 이제 아들딸 성혼시켜 둥지를 떠나보내고 나니, 시인 김일중 님의 시의 한 구절처럼 "마지막 내 곁에 남은 한 사람, 그 이름은 아내"임을 절절하게 인정한다. 허탈한 후회 뒤에 약藥이 되는 깨달음을 얻었으니 잠깐의 고난은 유익이라 할 만하지 않은가.

까마귀 별곡

까마귀가 흔하다. 이른 아침인데 아파트 꼭대기에서 까마귀가 울부짖는다. 옛날 사람들은 까마귀 울음소리를 터부taboo시 했다. 아직도 대다수 사람들이 까마귀를 께름칙하게 여긴다. 그 연유는 꽤 많다.

잠시 고대로 거슬러 올라가 노아 시대의 대홍수를 들여다보자. 근 일 년 동안 창일했던 물이 빠지고 땅이 드러날 때쯤 노아가 방주의 창문을 열고 까마귀를 날려 보낸다. 까마귀는 다시 방주로 되돌아오지 않았다. 추측하건대, 물이 땅에서 마르기까지 날아다니며 온갖 동물의 사체를 탐닉하고 살아남았을 것이다. 이 같은 유추에서 영 느낌이 좋지를 않다. 까마귀한테 후한 평점을 주기는 망설여진다. 까마귀 처지에서는 대홍수 이후에 가장 먼저 땅에 정착한 동물이라는 영예를 차지했는데, 이런 푸대접과 오해에 대해 하소연할 길도 막막하고 억울할 것이다.

특히 까마귀가 머리 위에서 울면 매우 불길하게 여겼다. 까마귀는 죽음이나 재앙을 예고하는 재수 없는 새라는 꼬리표를 달고 다닌다. 질이 나쁜 사람이 하는 못된 소리를 비유적으로 이를 때, '까마귀 송장 먹은 소리'라고 했다. 그러나 이 새를 좋게 보는 예외가 있다. 다 자란 자식 까마귀가 어미에게 먹이를 물어다 입에 넣어준다고 하여 효조孝鳥, 또는 반포조反哺鳥라고 치켜세우며, 효 사상을 고취할 때 단골 예화로 인용한다.

고구려에는 나라를 상징하는 '삼족오三足烏'라는 국조國鳥가 있었는데, 이 새가 세 발 달린 까마귀였다. 당대에는 이 까마귀를 하늘과 땅을 이어주는 새라고 신성하게 여겼다. 그리고 우리가 흔히 알고 있는 '견우와 직녀' 이야기 속에서 자신의 몸을 희생해 주인공의 사랑을 이루도록 다리를 놓아주는 동물도 까마귀[烏]와 까치[鵲]이다. 우리나라뿐만 아니라 서양에서도 까마귀는 신神들을 도와주는 심부름꾼으로 이용되었다고 하는데, 까마귀가 신들의 심부름을 했다는 것은 그만큼 까마귀가 영리함을 의미하는 것이다. 까마귀가 도구를 이용하여 먹이를 구하는 재능을 발휘하기도 하고, 날다가 곤하면 독수리나 다른 새의 날개 위에 얹히어 가기도 한다니 신의 한 수가 아닌가?

'까옥, 까옥, 까옥'

고향 마을에 뒷산 기슭으로, 혹은 배나무 과수농원 주위로 하늘 공간을 독차지하는 새는 까마귀 떼이다. 부모님을 뵈러 갔는데, 한 번은 어머니와 같이 앞뜰에 앉아 이런저런 이야기를 나누는 중 어머니께서 심각한 말씀을 하신다. 올가을, 생신을 넘길 것 같지 않다는 불길한 뜻을 내비친다. 무슨 말씀인가 여쭈었더니 다름이 아니라, 며칠 전에 집 앞 감나무 가지에 까마귀가 내려앉았는데, 어머니와 눈길이 정통으로 마주쳤다고 한다. 어머니가 뒷집 친구에게 그 이야기를 했더니 그분이 동네에 초상이 날 조짐이라고 미신에 사로잡힌 풀이를 해 준 것이다. 그런 일이 있은 이후로는 권사 직분이신 당신의 믿음도 떨어져 생명의 기운이 다한 것은 아닌지 의아심이 생겼으리라.

그래서 맏아들을 만나자마자 이참에 마음의 고통을 풀어놓은 것이다. 나는 어머니의 심기를 어떻게 하면 누그러뜨려 드릴까 한순간 고민스러웠다. 잠시 뒤에 말을 이어간다.

"어머니, 제가 사는 도시의 아파트에도 아침저녁으로 까마귀가 울어댑니다."

"어머니, 까마귀는 새끼가 다 자라면 어미 새한테 먹이를 물어다가 먹여줍니다. 그래서 까마귀를 효도하는 새라고 좋아합니다."

"아마 아들딸 5남매 중에 효자가 나올 징조인 것 같습니다."

나는 내심 그 큰 효자 노릇을 내가 꼭 해 드리겠다는 약조처럼 정중하게 위로해 드렸다. 어머니는 한참을 뜸 들이다가 이윽고 다른 이야기를 꺼내신다. 간간이 들었던 말씀인데 오늘 다시 듣게 된다. 나는 처음 듣는 이야기인 양 추임새를 넣으면서 어머니

가슴으로 빠져든다.

어머니는 열여덟에 시집을 왔다. 당신보다 한 살 밑인 아버지는 맏이였다. 동생들이 다섯 명이 줄줄이 딸려 있었다. 한지붕 아래 살아가니 하루 세끼 밥을 해 먹는 것도 벅찼다고 한다. 식구들이 많아 일꾼이 남아돌아 시아버지가 나서서 며느리를 거의 친정에 가서 지내도록 했단다. 어머니는 수년간을 아버지와 생이별하듯 사셨다. 신행 갔던 신부가 날이면 날마다 친정에 와 있으니 어머니는 우물가나 빨래터에 드나들 때 마을 사람들이 흉보는 것 같아서 곤혹스러웠다고 회상하신다. 오히려 아버지께서 어머니가 묵고 있는 처가를 자주 찾았다고 한다. 아흔여덟 살인 우리 어머니의 하소연에는 지내온 삶에 대한 애환이 잔뜩 깔려 있다.

그런데 말씀을 하시다가 장딴지 부위를 손으로 연신 긁으신다. 피부 가려울 때 긁으면 덧난다고 내가 한 소리 하자, 나이가 많으면 피가 마르기 때문에 으레 가렵다고 맞받는다. 오랜만에 목욕을 했더니 그 뒤부터 몸이 가려워 밤잠을 이루기가 힘들다고 부연하신다. 지난 설날에 손부가 사다 놓은 화장품이 있어도 깊이 보관해 두고 정작 긴요할 때 쓰지 않은 것이 안타깝다. 목욕 후에 바르면 수분을 공급해 주는 약 같은 화장품인데 말이다. 곁에서 챙겨 드려야 옳을 텐데, 함께 모시지 못하는 현실을 생각하면 나는 까마귀만도 못한 아들이라고 좌절하고 만다.

대학 시절에 기독교 신앙에 심취하여 내가 열심을 내자 어머니는 맏이인 나와 뜻을 같이했다. 어머니께서 쉰 살에 가까이 이를 즈음이다. 명절 때나 기제사를 모두 기독교식의 추도 예배로 바꾸는 등 많은 개혁이 따랐다. 교회당에 출입하면서 마음과 몸을 정결하게 하며 밝고 환한 모습으로 살아오셨다. 성묘하고 벌초할 때도 살아있는 후손이 조상을 추념하는 예만 갖출 뿐, 산소 앞에 차리는 음식을 장만하지 않는다. 어머니는 훨씬 짐을 덜었다. 아울러 미신에서도 말끔하게 벗어나길 바랐는데, 여태 까마귀에 홀려 있음을 보니 어머니 머릿속엔 개신교 신앙과 민속신앙이 혼재하여 있는 것 같다.

한편 까마귀 떡 감추듯 어머니는 냉장고 속에 당신이 갈무리해 둔 음식을 걸핏하면 잊어버린다. 자식들이 장만해 온 반찬을 오래 두고 드시라고 냉동실에 넣고서 신신부탁을 했어도 까맣게 잊고 반찬을 묵히기 일쑤다. 때로는 당신 잡수시라고 드린 것을 재분배해서 마음 가는 자식들 손에 들려 보내신다. 자식들도 이제는 모두 부모가 되어 봤는데도 어머니의 자애로움에는 턱없이 모자랄 뿐이다.

올해 삼월부터는 코로나 감염병으로 인해 교회 출석을 못하니 동년배 이웃들을 만나지 못해 몹시 갑갑하고 쓸쓸할 것이다. 더구나 마을회관에 모여 밥도 해 먹고 화투놀이 구경도 하면서 재미를 봤는데, 그마저 금했으니 이보다 난감한 일이 어디 있으랴. 두 노인이 함께 있어도 할 이야기가 늘 풍성한 것도 아니고, 게다가 아버지는 워낙 말씀이 적은 분이다. 그런즉 어머니는 홀로 사색에 잠기는 시간이 쌓여 갔을 것이다. 어느 자식이라도 찾아오면 그제야 어머니의 말문이 열리고 지난 세월에 대한 푸념도 하며 살아있음의 기운이 솟는 것을 잠시나마 느끼시는 것 같다.

며칠 전에 감나무 가지에 내려와 어머니를 쏘아본 까마귀도 따지고 보면 아무런 죄가 없다. 어쩌면 사람이 그리우신 어머니가 먼저 집 앞을 주시하다가 까마귀를 보고 화들짝 놀랐을 것 같다.

'저놈이 왜 하필 내 집 앞에 와 있을까?'

딴짓하고 있는 까마귀를 당신께서 먼저 쏘아보고서 제풀에 꺾이어 상심傷心했을 것으로 추정된다. 그 이후로 안 좋은 기억이 저녁연기처럼 피어오르고 어머니 심령에 박힌 까마귀가 어머니를 계속 힘들게 했을 듯하다. 어머니가 하나님의 은총을 받으시고 마음속에 숨어 사는 까마귀를 당신의 신앙 의지로써 쫓아내기를 빈다.

아내의 셀카

우리 가족 카톡방의 식구 수는 여덟 명이다. 맏딸과 사위, 두 아들에 며느리 둘, 그리고 우리 내외이다. 처음 시작은 대수롭지 않았다. 손주들의 귀여운 얼굴이며 재롱떠는 모습을 보고 싶었다. 출연하는 손주들이 집집이 두 명, 합이 여섯 명이다. 가족 열네 명의 안부와 근황이 번갈아 공유된다.

주도적으로 방房을 관리하는 이는 아내다. 아주 즐기는 편이다. 아이들의 소식이 뜸하다 싶으면 손주들 사진 올리라고 다그친다. 그리하면 이내 사진이 뜬다. 한 집에서 올리면 다른 집에서도 보낸다. 모르긴 몰라도 시어머니 등쌀에 부랴부랴 소식을 챙기기도 할 것이다. 일부러 사진을 찍지는 않아도 어린이집이나 유치원 선생님들이 수시로 보내준, 활동 모습이 담긴 사진이나 영상이 있으니까 금방 골라서 올리나 보다. 영상물이 도착하는 신호음

'까꿍~' 소리가 참 듣기 좋다. 소식이 없는 날은 지난 영상을 반복해서 감상하는 중독증을 앓기도 한다. 이건 소소해도 확실한 행복이다.

그러더니 어느 날부터 당신이 찍어 올리는 사진이 점점 많아진다. 오늘도 사진 한 장이 올라왔다. 구미 지산동 '샛강생태공원'에서 이른 아침에 아내가 찍은 연꽃 군락지 광경이다. 제목도 유머가 넘친다. 「아침 연蓮들」이다. 스마트폰의 화소가 워낙 뛰어나 사진기를 대신한 지 오래된 요즈음, 아내는 사진 찍기에 맛을 들인 것이 분명하다. 셀카 봉을 샀을 뿐만 아니라, 휴대전화기에 저장한 사진을 집에서 직접 인쇄할 수 있을 정도의 기술을 익혔다.

사진은 촬영 단추를 콕 찍어 누를 때 찍히는 게 아니라, 눌렀다가 살짝 떼는 순간에 찍힌다는 사실을 안 뒤부터 훨씬 선명하게 찍을 수 있단다. 정확하게 기기를 다루는 솜씨, 그 미세한 차이가 명품을 좌우한다. 삶의 여러 영역에서 특정 분야의 전문가는 반드시 존재한다. 끝없이 배우고 익혀도 시간이 모자랄 뿐이다. 우리가 남을 왜 존중해야 하는가? 나보다 그분이 어느 분야에서는 분명코 나은 점이 있음을 인정하는 것이 다른 이를 대하는 예절이기 때문이다.

스스로의 모습을 찍는 즐거움의 진수는 무엇일까? 우선은 내가 만족할 때까지 지우고 새로 찍기를 반복할 수 있다는 것이다. 재편집의 기능도 있으니 얼마든지 마음에 드는 사진을 남길 수 있다. 웃는 모습이 마음에 안 차면 여러 장면을 연출해 보면서 웃음살이 활짝 핀 얼굴을 얻는다. 그리하여 나만의 웃는 모습을 정립할 수 있다. 이로써 남을 대면할 때 자신감이 생기는 법이다.

한편, 셀카에 몰입하는 순간만은 자기애, 즉 나르시시즘narcissism에 잠기리라. 이것을 자기 긍정의 힘으로 작동하도록 이끌 수 있으리라. 요즈음 주변인들이 걸핏하면 우울증을 호소한다. 감기 증세처럼 흔한 것이 우울한 징후이다. 그 무엇에 열정을 쏟아부을 곳을 마련하지 못한 탓이다. 우리가 마르지 않는 샘물을 구해야만 생활의 풍요를 누리듯이 삶의 영역에서 기쁨과 만족을 얻을 우물 하나를 파야 할 것이다. 아내는 셀카에서 무한한 에너지를 얻고 있다.

공유하는 즐거움도 빼놓을 수 없다. 유익한 정보나 혼자 보기에 아까운 영상 및 사진을 전달해서 함께 보는 것은 더불어 살아가는 지혜이다. 어떤 특혜를 이웃과 나누는 것이다. 답장을 받으면 더욱 뿌듯할 일이 아닌가. 물론 사진을 전달할 때도 예의에 어긋나지 않을 시간대를 택해야 한다. 워낙 정보가 많이 오가다 보니까 짜증나는 시간대가 있음을 유의해야 한다.

아내는 집안에 방방이 사진을 전시할 화랑畵廊을 설치했다. 일백 수십 장을 전시했다. 우리 부부의 사진보다 아들딸의 화목한 모습과 손주들의 재롱을 늘 대할 수 있음이 행복하다. 명절에 모이면 손주들은 자기 사진 찾기에 바쁘다. 언젠가는 손녀가 "내 사진 없어졌다."고 소리를 쳐서 깜짝 놀랐다. 어린것이 눈썰미가 예사롭지 않다. 손녀랑 할머니랑 찍은 사진을 치우고 그 자리에 최근에 찍은 다른 사진을 내걸었기 때문이다. 당장 찾아서 다시 걸었다. 그제야 어린것이 방긋 웃는다.

색다른 반찬을 하면 으레 아내는 찍어서 올린다. 내가 질색을 하며 자제하라고 타이른다. 아내는 귀담아듣지 않는다. 자식들도 저들대로 삶이 있는데 '시도 때도 없이 부모가 등장하면 방해되지 않겠는가?'하는 것이 내 지론持論이다. 그러다가도 자식 잘되라고 기도하며 응원하는 부모가 있음을 시시각각 생각나게 하는 것도 괜찮겠다는 마음이 들기도 한다. 시어머니가 올린 반찬 조리법을 두고 '맛나겠다.'고 관심을 표명하는 며느리가 있으니 다행이다. 때때로 '무얼 해 먹을까?' 막막해질 때, '아, 어머니가 올린 그 반찬!'생각이 나서 따라 하면 정말 좋겠다. 공간적 거리를 떨어져 살아도 심리적 거리는 가깝게 이어주는 것이 가족 카톡방의 구실이 아닐는지?

아내의 셀카 본능이 내게로 전염되었다. 휴대전화기 약정 기간이 끝나서 업소에 들렀더니 새 전화기를 권한다. 장삿속이거니 하면서도 끌린다. 내게 맞춤형으로 사양을 골라준다기에 대뜸 말하기를 "사진기를 대신할 수 있는 화소가 뛰어난 것으로 하겠다."고 뜻을 밝혔다. 정말 선명한 사진을 건진다. 여행지에서 아내와 둘이 있을 때, 행인들에게 부탁하는 번거로움을 덜고, 직접 셀카로 찍는 재미가 쏠쏠하다.

그런데 우리의 촬영 취미가 손주들한테 옮겨간 것을 어찌 설명하랴. 서울 출장일이 이틀 연속으로 잡혀서 맏딸 집에서 하룻밤 묵었다. 초등학교 일학년 손자 놈이 한창 장난기를 부린다. 외할아버지 얼굴을 찍어준다기에 응했더니, 내 얼굴 사진에 꾸미기 효과를 넣어서 제멋대로 치장하여 내놓는다. 우스꽝스럽다. 내가 싫다고 하며 이것저것을 주문하니 원하는 대로 고쳐 주기도 한다. 어린것이 재주꾼이다. 손자와 이렇게 한바탕 수준을 맞춰 놀아주면 금세 친해진다. 한두 시간 놀아주고서 젊은 친구를 사귄 셈이다. 집에 내려온 뒤에도 어린것이 매일 카톡을 날린다. 입을 크게 벌려 이빨 뺀 흔적을 셀카로 찍어서 보내고, 태권도 기술을 뽐내는 동영상을 보내기도 한다. 카톡방을 들락거리면서 가족 사랑을 배우고 익히나 보다.

지난봄엔 인근 마을에 사는 큰아들이 내 생일날 아침에 동영상을 보내왔다. 손녀 둘이서 “할아버지, 생신 축하 드려요.”라는 인사말과 함께 생일 축하 노래를 불러준다. 자매가 트라이앵글과 작은북을 치며 노랫말을 또렷하게 들려준다. 끝맺음 인사에는 두 손으로 사랑 표시를 날린다. 행복에 대한 이론은 사람마다 분분하지만 셀카쟁이 아내를 축으로 하는 가족 카톡방을 통해 생활의 재미를 톡톡히 누리고 있으니, 이 또한 행복에 한걸음 다가선 것이라 생각된다.

사모곡思母曲

이 땅의 모든 어머니를 향한 최고의 찬사는 무엇일까? 어느 시인의 시구詩句가 먼저 떠오른다. "우리가 모든 것에서 하나님을 볼 수 없기에 하나님은 우리 곁에 어머니를 보내셨다."라는 이 말이 아닐까 한다. 자식을 보살피는 부모님의 권위와 사랑은 신神으로부터 위임 받은 것이란 견해에 대다수의 사람들이 수긍하리라. 나는 나이 들면서 어머니를 통해 한없는 사랑의 마음과 눈길을 느끼고 삶 속에서 이를 체험하며 효행을 바치고자 마음을 다잡는다.

우리 어머니는 이름도 참 예쁘시다. '신선 선仙'자에 '매화 매梅' 자를 쓰신다. 어릴 적에 우리 형제자매는 엄마의 별명을 홍시에 비유해서 "홍시에 씨가 다섯 개 들어 있는 게 뭐지?"라는 수수께끼를 지어내기도 했다. 그것은 어머니의 성씨가 남양 홍洪씨이고

5남매를 두셨음을 패러디한 것이다. 밤이면 밤마다 어머니 곁에 누워서 우리들이 수수께끼를 내면 어머니는 빙그레 웃으시며 "나하고 너희들"이라고 번번이 정답을 말씀하셨다.

다른 별칭으로는 '홍 박사博士'라고 높여 드렸다. 왜냐하면 정말 총명하셨기 때문이다. 기억력의 고단수이시다. 초등학교 졸업 학력이 전부인 어머니께서 좋은 시대를 만나 제대로 공부를 하셨으면 지도자의 길을 걷고도 남았을 것이다. 어머니는 밤이면 호롱불 아래 동네 여인들을 모아놓고 소설책을 읽어 주셨다. 그 시절이 1960년대 초반, 내가 중학교에 입학한 무렵이다. 나도 같이 들었던 이야기는 「장화홍련전」, 「심청전」, 「사씨남정기」 등이다. 그런 책을 어떻게 구했는지는 모른다. 내가 국어 과목을 제일 좋아하고 글짓기에 취미를 갖게 된 것이 어머니한테 물려받은 듯하다.

내가 고등학교 2학년 때 가을 운동회 하는 날이었다. 점심시간이 가까운 시점에서 난데없이 친구가 나더러 "너의 어머니가 오셨다."라고 전갈했다. 정말 어머니가 오셨다. 어머니께서 나의 공부하는 현장에 나타나셨다. 그 당시 나는 객지에서 입주 가정교사로 있었는데, 어머니는 맏이가 어떻게 지내는지 걱정이 되셨나 보다. 나는 어머니와 함께 운동장 구석의 플라타너스 그늘에서 주인댁에서 싸 준 도시락을 먹었다. 운동회가 끝나자 어머니를 모시고 주인댁에 돌아와 어른에게 인사를 드리고, 내가 쓰는 방으로 안내하여 사는 모습을 보여 드렸다. 무슨 이야기를 나눴는지는 기억나지 않는다. 다만 어머니의 눈길을 따뜻하게 감지하며 나는 어머니의 안도하시는 모습에 무척 행복했었다.

내가 학교장으로 정년퇴임을 한 뒤 옛일을 나누다가 어머니께 들은 그날의 일화는 다음과 같다. 집안에서 속상한 일이 있었단다. 무작정 집을 나서니 갈 곳이 막막했다. 맏이가 제일 먼저 떠올랐단다. 당신 수중에는 일전 한 푼도 없이 길을 나섰다. 고향 집에서 내 모교까지 사십 리(16km)가 넘는 길을 어머니는 고무신 차림으로 신작로를 따라 걸어오신 것이다. 그 장면을 상상하면 지금도 나는 몸서리쳐 온다. 뽀얀 자동차 먼지를 덮어쓰고 한 발짝 한 발짝 걸을 때마다 어머니 머릿속에는 오만 가지 생각이 다 났을 것이다.

막냇동생이 나보다 열다섯 살 아래이니, 그때 세 살짜리 어린애를 떼어놓고 불쑥 외출을 감행하셨으니 얼마나 가슴이 저미었을까. 물론 시어머니를 비롯해 어느 식구에게도 알리지 않고 무단으로 집을 나선 것이었으니, 식구들의 걱정도 이만저만이 아니었을 터이다.

어느덧 저녁 식사 때가 되었다. 나는 주인댁에서 차려 주는 음식을 어머니와 겸상으로 받아서 먹었다. 주인댁에서는 나의 수호천사인 어머니를 형편대로 그저 조촐하게 접대한 것이다. 식사

후 주인댁 어른한테 작별 인사를 드리고 시외버스 정류장으로 갔다. 고향 집까지 가는 버스 차표를 사 드리고 어머니가 버스에 오르는 모습을 지켜본다. 이윽고 버스가 출발할 때 차창 너머 어머니께 손을 흔들어 인사를 드리고서야 뒤돌아섰다. 전화가 없었으니, 잘 도착하셨는지 여쭐 수도 없고 모든 것을 하늘에 내맡기고 내 공부에 전념했다.

퇴임 이후 또다시 7년이 흘러갔다. 오늘 밤도 어머니 곁에 잠자리를 펴고 어머니의 한 맺힌 과거사 타령을 듣는다. 어머니는 쉰다섯 해가 흐른 지금도 아들의 학교 방문을 생생하게 기억하셨다. 그날 고향 집 근처 정류장에 내려서 어둑발이 깔릴 무렵 집에 들어갔는데, 어느 누구도 어디 갔다 왔는지 묻는 이가 없었단다. 이미 저녁상을 물린 뒤라, 시누이가 식은 국수를 챙겨 주는데도 먹지 않았다고 한다. 시댁 식구들의 관심을 못 받아서 많이 섭섭했겠지만, 그래도 당신 배 아파 낳은 맏이가 공부하는 학교 운동장을 밟아보고, 남의집살이를 하는 현장을 확인하고, 한걱정을 내려놓으시며 삶의 의욕을 충전했으니 적이 위안이 되었으리라.

야속한 세월은 아프게 흘러갔고, 나도 부모가 되어 자식 삼남매 길러서 성혼시켜 떠나보내고 뒤돌아보니 '어머니'란 세 글자를 두 글자로 바꾸면 '눈물'이다. 그 눈물은 용광로 쇳물처럼 뜨겁다. 성장기에 나는 걸핏하면 엄마에 대한 그리움으로 그렇게 뜨거운 눈물로 자주 세수를 했다. 그런데 참으로 희한한 것은 울면서 나는 무럭무럭 잘도 자랐다. 그리고 교사의 꿈을 이루어 행복한 교단생활을 마쳤다. 그건 아마 어머니와 자식 간에만 통하는 신령한 자양분 덕이었을 것이다. 그 은혜 하늘보다 높고도 높아 매달 두어 번 고향을 찾아 효행 체험을 한다. 마침 내일이 어버이날이다. 세월의 강나루, 백수白壽를 건너가시는 어머님께 내일 아침 식사는 쌀밥을 짓고 미역국을 끓여 드릴 참이다.

리마인드 웨딩 촬영

프랑스 소설가 발자크Balzac는 "사랑은 욕구와 감정의 조화이며, 결혼의 행복은 부부간의 마음의 화합으로부터 결과적으로 생기는 것이다."라는 명언을 남겼다. 생활환경이 다르고 성장 과정이 상이한 두 사람이 만나 욕구와 감정을 조화시키고 마침내 마음의 화합을 이루기는 쉽지 않을 터이다. 그러기에 사랑이 더욱 귀하고 부부끼리 화평을 항상 유지해 가는 것이 이 세상에서 지극히 아름다운 모습이라 하겠다.

우리 세대에서는 결혼은 당연지사로 자타가 인정했다. 나와 아내는 결혼 준비가 덜 된 상태에서 양가 부모님들이 서둘러 결혼하기에 이르렀다. 나는 제대하고 복직한 지 석 달째 부랴부랴 예식을 올렸고 아내도 마찬가지였다. 첫 직장을 잡고 두 해 근무한 것이 전부이다. 양가 어머님들이 중매를 통해 아들과 딸의 사진 한 장씩 들고 먼저 선을 보았으니 지금 되돌아보면 웃음이 나온다. 내가 군 복무 중 휴가를 나왔을 때 부모님의 성화에 쫓기듯이 맞선을 봤다. 그 이후 귀대하여 남은 군 생활을 마치고 직장에 복귀하니 혼담이 오가며 혼사는 일사천리로 이뤄졌다. 결혼은 인륜의 대사라고 했으니 급할 때는 급한 대로 혼인 예식을 올렸을망정 하나님의 섭리가 작용한 것이라 믿어진다.

우리 부부는 신혼여행도 없었다. 그때(1976년)는 거의 국내 여행이었는데, 그마저 여건을 구비하지 못했다. 장모님은 차량 안전을 담보할 수 없다며 기어이 반대하셨고, 한편 경제적인 여유도 썩 좋은 편이 아니었다. 하다못해 흔하게 찾는 신혼여행지, 신라 천년의 왕궁터인 경주慶州에라도 갔으면 후회가 없었을 것이다. 우리에게 급선무는 자립 갱생과 주택 마련이었다. 한 가지 더 있다면 아이들 교육비의 걱정이었다. 나는 '한 통장 갖기'를 고수固守하며 모든 돈을 한곳에 모았다. B 통장을 아예 만들지 않았다. 내 통장에는 봉급, 출장비, 온갖 수당, 강의료 등 기타 수입까지 총집결된다. 아내가 돈을 관리했다. 삼남매가 대학 졸업하기까지 나는 월요일마다 아내에게 용돈을 받아서 썼다. 아내와 한마음을 유지하려고 모든 것을 내려놓고 화합하였다.

내가 교감으로 승진하여 모某 고등학교에 부임하였더니, 고향이 제주도인 선생님이 계셨다. 어쩌다가 사석私席에서 신혼여행도 못 간 이야기며, 제주도를 가 보지 못한 이야기를 했나 보다. 여름방학을 맞아 부장선생님들이 나서서 나를 떠밀 듯이 제주도로 부부 여행을 다녀오라고 강청強請했다. 학교 일을 자기네들이 틀림없이 잘 처리할 테니 아무 염려 말고 여행을 떠나라고 했다. 친목회장님은 적극적으로 나서서 여행사를 추천해 주고 비행기표 예매까지 도와주었다.

우리 맏이인 딸이 대학교를 졸업한 뒤 직장 생활을 하고, 아들 둘은 대학을 다닐 시절이었다. 2003년 7월 하순, 결혼 27주년을 기념하여 처음으로 제주도 땅을 밟았다. 2박 3일 중 하루는 택시를 대절하여 명소를 찾아다녔다. 우리 형편을 기사 양반한테 알려줬더니, 정말 신혼여행 코스를 골라 다니면서 온갖 포즈를 요청하면서 정성스럽게 사진을 찍어 주었다. 처음엔 다소 어색했지만 경치와 분위기에 취해 금방 익숙해지고 능청스럽게 딴짓도 하며 많은 사진을 남겼다. 참으로 향기 나는 추억이 되었다.

그리고 다시 결혼 40주년, 정년퇴임한 지 일 년 지나서였다. 가족회의에서 리마인드remind 웨딩 촬영 이야기가 나왔다. 마침 손주 여섯 명이 잘 자랐으므로 함께 가족사진도 찍을 겸 기쁘게 수락했다. 드디어 예약 일자가 다가왔다. 온 가족이 복장을 하얀 티셔츠와 청바지로 통일하고 양말을 신지 않은 채 맨발로 찍자고 해서 그대로 따랐다. 다 같이 웃는 표정을 담아내기가 쉽지 않은

가 보다. 가족사진 촬영에 걸리는 시간이 길어지자, 손주들 중에는 지겨움을 타는 아이도 있어 몹시 짜증을 낸다. 그리하여 사진 속의 그 녀석만 얼굴이 시무룩하다. 그런데 그것조차도 사진 속의 뒷이야기로 남아 귀엽고 즐겁다.

이제 우리 둘의 웨딩 사진 차례다. 세팅된 곳에 서기도 하고 앉기도 하며 작가가 시키는 대로 응한다. 아내는 신부 화장에 머리 손질을 하고 빛나는 드레스로 치장을 했다. 나도 얼굴 마사지를 받았다. 우리가 결혼할 당시엔 기념사진만 간단하게 남겨서 아쉬웠는데, 새롭게 신랑 신부의 웨딩 복장으로 여러 장면을 찍으니 진정한 부부로 재탄생하는 것 같았다. 나도 좋은데, 아내는 훨씬 더 행복해하였다. 우리 부부를 비롯해 가족 14명이 오붓하게 모여 있는 사진 한 장을 거실 벽에 걸어두었다. 이 방에서 저 방으로 옮겨 다닐 적마다 눈에 삼삼하여 미소로 바라본다. 이게 사는 보람인가 여겨진다.

성경에는 자식을 '하나님의 기업'이요, '여호와의 상급賞給'이라고 했다. 정말 우리 가문에 하나님께서 큰 상을 주시고 후손을 번창하게 축복해 주셔서 감사한다. 그 크신 은혜에 보답하기 위해 후대들이 자라서 나라와 사회 발전에 크게 기여하기를 간절히 바란다.

2
소소한 행복

사람을 잃지 않고 사람부터 챙기는 것이
돈이나 일을 우선하는 것보다 낫고 세상에서 제일 큰 이득이라는
믿음에는 변함이 없다.

강수농운講隨農運

요즈음 나는 강의도 하고, 수필을 쓰며, 절기에 맞추어 농사짓고, 틈틈이 운동을 즐긴다. 이처럼 네 분야에서 나의 삶은 이루어진다. 자동차가 바퀴 넷으로 잘 굴러가듯이 말이다. 퇴임 이후에 생활의 즐거움을 어휘 둘로 드러내자면 자유自由와 여유餘裕이다. 그 무엇에 구속당하지 않고 내 의지대로 자신을 위로하고 통제하면서 삶의 주인 행세行世하는 것이 기쁘다.

따지고 보면 자영업이 아니고서야 어느 직장이든 우리를 속박의 굴레에 가둔다. 한솥밥을 먹는다는 구실 아래 업무의 연장선에서 각종 모임에 엮이기 일쑤이다. '저녁이 있는 삶'을 생색내듯 내거는 걸 보면 종사자들의 삶의 질이 얼마나 열악했을까 짐작된다. 나는 퇴임한 뒤 심사숙고하여 모임 여럿을 정리했다. 사십여년간 교단생활을 하면서 그간 연락이 닿던 제자들도 내 쪽에서 먼저 좋은 말로써 인연의 끈을 놓았다. 처지를 바꿔 보면 기약도 없는 일종의 갑을甲乙 사이라고 판단되었기 때문이다. 적당한 선에서 손윗사람이 슬그머니 놓아주는 것이 아랫사람을 편하게 해주는 게 아닐는지? 그리고 이것이 서로를 자유롭게 풀어주는 관계의 정석이라 생각한다.

한 번은 오른쪽 눈에 충혈이 심해 안과 진료를 받았다. 강의 안을 짜다가 좀 무리가 온 듯하다. 의사의 소견이 '푹 쉬라'라는 단서를 달기에 '공부할 것이 밀려 있다.'며 걱정을 했더니 대뜸 돌아온 처방은 '그 나이에 무슨 공부를 하느냐?'라고 꾸짖는 초강수의 멘트였다. 나는 많이 놀라고 섭섭했지만 한편 자신을 돌아보며 여유 있는 삶을 지키려고 다짐하는 계기로 삼았다.

내 강의 주제는 '인성 역량'과 '가정 행복'이 주류이다. 대상은 학부모, 교직원, 노인대학 어르신 등이다. 지성보다 인성이 앞서야 이룩해 놓은 평판을 오래 이어갈 수 있다. 인성 역량은 사람을 살리고, 키우는 총체적인 힘이다. 우선 자기관리도 잘해야 하고, 남과 더불어 함께하는 정신, 존중하고 배려하는 힘, 갈등을 조정하는 능력 등을 포함한다. 갈수록 다양해지는 사회에서 '다름'을 수용하고 '함께하는' 마음을 아무리 강조해도 지나치지 않을 것이다.

유교의 가부장적인 인습에 묶여 우리나라 여성들이 엄청나게 고생한 역사가 상존尙存한다. 한 해 두 차례 명절마다 여성들은 중

압감에 시달린다. 나는 문제의 초점을 '가족의 질서'에서 찾는다. 4차 산업혁명 시대를 사는 젊은이들의 윤리의식을 과거의 틀 속에 가둘 수 없다고 본다. '효도'하라고 가르치면 부담스러워한다. 일단 결혼하면 남편은 아내가, 아내는 남편이 일순위이다. 부모는 그다음이고, 자식이 태어나면 삼순위이다. 부부가 합의한 한도 안에서 부모를 공경하고, 부부가 조율한 선에서 자식 양육에 공동으로 힘쓰면 될 것이다. 부모 공경을 앞세워 부부가 갈등하고, 자녀 양육을 내세우면서 부부가 다투면 가정의 행복이 무색해지고 말 것이다.

글쓰기 작업은 정신을 맑게 한다. 그래서 생각만 해도 행복하다. 수필 장르가 제일 마음에 든다. 시詩보다는 상대적으로 치열한 영혼의 고뇌가 적은 편이어서 정감이 간다. 고백하는 글체, 삶을 풀어서 기술하면 그대로 개인의 역사를 정리하는 셈이다. 가족 및 지인들과 자신의 생애를 공유하는 점이 의미가 있다고 여겨진다. 첫 수필집 『생각의 삽질』(2016년)을 발간한 직후였다. 아버지께서 하시는 말씀인즉 "나도 네 책을 다 읽어봤다. 애썼다. 그런데 좀 아쉽다. 그냥 덮어두면 아무도 모를 일인데 책을 쓰는 바람에 집안 내막을 드러내서 남우세스럽다."고 언짢은 말씀을 하셨다. 나는 글은 겪은 일, 있었던 일을 사실대로 적어야만 읽은 이들 가운데서 공감하고, 위로받고, 어떤 이는 용기를 갖게 된다고 말씀을 드렸다.

어느 날, 어머니께서도 한 말씀을 하신다. “참 이상한 일도 다 있다. 네 아버지가 반찬 투정을 안 한다.”라며 놀랍다는 반응이시다. 사실은 할아버지 때부터 내려온 반찬 투정이 아버지한테 고스란히 학습이 되어 어머니를 힘들게 하고 있고, 아들인 나에게도 잠재되어 있으며, 손자에게까지 악습이 이어질까 봐 염려된다는 가족력을 글감으로 다룬 적이 있었다. 어쨌든 나의 글을 읽은 아버지께서 인습을 버렸다는 것은 어떤 면에서 글의 힘이라고 할 수 있겠다.

글감의 영역을 넓혀 가려 한다. 과거사, 특히 가족사에 연연하던 것에서 동시대를 살아가는 이들의 삶을 들여다보고 그에 대한 감회와 더 나은 방향을 모색하는 등 주제의 폭을 다양하게 변화를 주려 한다. 선한 영향력을 미칠 수 있으면 참 좋겠다는 생각이 난다. 다른 작가들의 글을 읽으면서 깨달음의 교훈을 얻은 경험이 한두 번이 아니다. 수필을 통해서 삶을 풍요롭게 할 수 있다는 확신이 선다.

농사일에 손을 댄 것은 대물림의 순리이다. 부모님이 여든 살 무렵부터 농사일에서 손을 떼시고 근 십 년 가까이 묵혔던 땅을 내가 이어받은 것이다. 내가 중학생 시절에 부모님을 따라 뒷산 자락의 자갈땅을 개간하여 마련한 소중한 밭이다. 처음엔 아버지께서 내가 농사하는 것을 극구 반대하셨다. 공무원을 지낸 아들이 험한 일 하는 것을 꺼렸다. 나는 소일거리가 필요함을 말씀드리고 어렵사리 허락을 얻어 농사꾼이 되었다.

작물은 아무렴 손이 덜 가는 참깨, 들깨, 고구마, 도라지 등으로 택했다. 아내가 농사에 더 전문성이 깊다. 또한 열성도 대단하다. 직접 지은 참깨, 들깨를 수확하여 기름집에 가서 참기름, 들기름을 짜고 그걸로 요리하여 먹는 맛과 기쁨은 이루 말할 수 없다. 일에 치이지 않고 스스로 감당할 만큼 일에 전념하는 것은 몸의 건강과 마음의 안정에도 큰 이득이다.

부수적으로 농사하면서 깨닫는 하늘의 이치는 진국이다. 작은 씨앗에 생명이 들어 있어서 땅의 기운을 받으면 하늘의 섭리대로 프로그램이 작동되어 싹이 돋고 잎이 나고 꽃이 피고 열매를 얻는다. 사철의 절후에 맞게 파종과 시비施肥를 해야 하고 자식 돌보듯이 보살펴야 한다. 흙냄새만큼 감미로운 것이 있을까? 지인들 중에는 대농도 더러 있다. 이천 평 되는 복숭아 과수원을 직접 경영하는 후배는 어찌 감내하는지 혀를 내두를 지경이다. 하기야 각가지 편리한 농기계의 덕분에 몸을 덜 쓰고도 척척 해낸다니 염려를 안 해도 될 것 같다. 부드러운 흙을 매만지는 일을 즐기고자 한다.

운동은 윤택한 생활을 지탱하는 필수 비타민이다. 손발을 움직이고 관절을 풀어주며 오장육부까지 자극을 줌으로써 건강을 유지할 수 있으니 운동을 소홀히 할 수 없다. 집안에서도 아령을 이용하여 근력을 늘리고 간단한 몸 체조를 한다. 아내와 배드민턴을 즐기고 테니스 동아리에 가입하여 정기적으로 회동한다. 승패를 떠나서 웃고 소통하며 나이 들어가면서 서로의 안부를 확인하는 기회로 삼는다. 빠짐없이 참여하라는 총무의 전갈이 휴대전화기를 울린다. 누가 빠지면 "무슨 일이 있나?" 하며 모두가 챙긴다. 운동으로 모임을 결성하지 않았다면 그리운 얼굴을 무슨 수로 자주 볼 수 있단 말인가.

정호승 시인의 시에는 "외로우니까 사람이다."라는 구절이 나온다. 외로움을 이겨내려고 우리는 모여서 운동을 한다. 승리가 목적이 아니고 친분 쌓기와 안전이 우선이다. 한 발짝 더 뛰어보고, 어려운 공을 받아넘겨 보고, 예측하지 못한 지점에 떨어지는 기술적인(예술적인?) 공을 바라보고 마냥 웃는 재미가 좋다. 힘들여 받으려다 다치면 안 되니까 조심 또 조심을 앞세운다.

테니스 클럽 '구동회龜動會'의 회원이 스무 명이다. 회원들은 모두 환갑을 넘었다. 모두들 동작이 민첩하지 못하고 거북이처럼 굼뜨다. 그 대신 엄청스럽게 재미있다. 신체의 유연성을 높이고 체력 저하를 막는 데에 목표를 둔다. 각자 집에서 간식거리를 가져오기도 하고 현장에서 음료수나 생수들 사 먹기도 한다.

운동에 임하는 내 전략은 '무한 도전'이다. 한 글자씩 운을 띄워 풀이하면 다음과 같다. (무)무조건 이기려고 덤비지 않으며, (한)한없이 파트너를 행복하게 해주고, (도)도발하는 언행으로 상대의 기분을 해치지 않으며, (전)전신운동이니 마음껏 즐기자는 의미를 담았다.

간혹 선후배들 및 지인들이 나더러 퇴임 이후에 어떻게 지내는지 안부를 물어온다. 그 물음에 대답할 말을 요약하니 '강수농운講隨農運'이다. 생명의 날 동안 강의, 수필, 농사, 운동 등 생활의 네 바퀴를 부지런하게 굴리면서 보람을 키우고 선한 영향력을 펼치고자 한다.

소소한 행복

저녁 식사 후 양치를 하고 나오니, 아내는 텔레비전 요리 강좌에서 최불암崔佛岩 명사를 만나고 있다. 경청하는 태도가 완전 꽂힌 듯하다. 난 말없이 부엌으로 향했다. 식탁에는 빈 그릇과 먹다 남은 반찬이 그대로다. 익숙한 솜씨로 설거지를 시작한다. 간단하게 식사를 했으므로 치울 것도 많지 않다. 느지막한 저녁 식사였다.

간단한 식사의 사연은 이렇다. 거실 마루에 나란히 누워서 지난 세월의 굴곡과 영화榮華를 되돌아보며 소설 쓰듯 이야기를 풀어놓았다. 시작도 끝도 묘연한 이야기는 수없이 되뇌어도 웃음을 안겨준다. 물론 짠한 기억의 앙금이 더러 남아있지만 지금 웃을 수 있으니 행복하다. 부부란 애당초 허물없는 그런 사이가 아닐까.

뜬금없이 나더러 식사 메뉴를 정하란다. 사지선다형四枝選多型

퀴즈로 주어졌다. 칼국수, 소면, 된장찌개, 소고기국. 말이 떨어지기가 무섭게 칼국수라고 외쳤다. 그러자 아내는 국수엔 해물이 있어야 좋단다. 며칠 전에 먹었던 굴전이 생각났다.

"굴 있잖아."

"아 참, 굴 얼린 것 있어."

아내가 갑자기 말을 바꾼다.

"칼국수 하려면 시간이 걸리는데 그냥 소면으로 할까?"

그래서 당첨된 것이 라면과 소면에 굴을 넣은 별식이다. 내가 즉흥적으로 메뉴 이름을 '라굴면'이라 붙였다. 그리하여 아내의 손맛으로 빚어낸 창의적인 음식을 맛볼 수 있었다. 내친김에 설거지까지 일사천리다.

설거지를 마칠 즈음 아내는 블랙커피를 주문한다.

"오, 예스!"

포트에 물을 채워 전원을 올린다. 물을 끓이는 참에 밤에 자리끼로 마실 양까지 가늠해서 넉넉히 부었다. 커피를 내오고 보온병에 더운 물을 가득 채운다. 이 정도의 수고에 아내는 '우리 남편, 최고!'라고 엄지척을 한다.

무슨 일이든 제 신명에 받쳐서 하면 흥겹다. 젊은 날은 오늘 같은 잔재미를 모르고 살아왔다. 미국의 가정학 박사 가트 맨은 "작은 일을 자주 하라Small things often"고 권했다. 평소 사소한 일을 통해 긍정성을 높이고 친근한 상호 작용을 원활하게 이루어 가면서 신뢰를 쌓으라는 가르침이다.

결혼 생활 사십여 년 동안 아내에게 근사한 선물을 건네지 못했다. 진심 반 농담 반으로 간혹 보채는 다이아반지는 언감생심이었지만, 생일과 결혼기념일을 초창기에 두어 해 동안 마음 쓰다가 그만둔 것은 변명할 여지가 궁색하다. 전형적인 경상도 사나이로서 무뚝뚝하고 소소한 행복의 비밀을 몰랐다. 다시 신혼으로 돌아갈 수만 있다면 제대로 남편 행세를 해 보고 싶지만 놓친 세월을 어찌 보상할까? 삶은 라이브live 연출이니 깨닫는 이 순간부터 제대로 하면 될 것이다.

공직에서 퇴임한 뒤로는 가사를 함께 챙긴다. 그전엔 아내의 일이라고 치부했던 것들이 곧 나의 일이기도 하다. “내가 도와줄까?” 하며 선심 쓰듯 뱉은 말이 내심 부끄러울 뿐이다. 이모작을 출발하면서 아내와 동행한다. 몸과 마음을 모아서 집안일에 나선다. 부모를 섬기는 일도 아내와 합의된 커트라인 안에서 성심을 바치고 기쁨과 보람을 공유한다. 더없이 행복하다. 우리 둘만 마음과 생각을 맞추면 되는데 예전에는 왜 그리 자주 다투고 냉전을 치렀던지 한심했다는 생각이 든다.

물론 자식들을 보살피는 일도 함께 상의하여 얻은 결론에 따라 충실하게 이행한다. 자녀들의 효도를 받아들이는 것도 마찬가지다. 우리가 부모에게 실천한 효행의 사례를 아이들이 시시때때로 지켜보았으므로 마땅히 가르칠 것이 없다. 효에 관한 한 달리 주문할 것이 없으며, 보고 배운 대로 가문의 전통이 물 흐르듯 지켜질 것으로 낙관한다. 상선약수上善若水란 말 그대로 이루어지기를 바란다.

삼남매 자식들의 이름을 아비인 내가 직접 지었다. 물론 가친의 승낙을 받아서 한 일이다. 집안의 돌림자를 굳이 고집하지 않았다. 그리고 손주들의 이름까지 할아버지인 내가 손수 맡았다. 두어 개 안案으로 작명하여 아들딸에게 좋은 것을 고르도록 했다. 가급적 쉬운 한자를 썼고 족보의 돌림자와는 상관없이 부르기 편하면서 존귀한 의미를 넣었다. 온 가족이 함께 심의하여 최종적으로 부모가 결정했으므로 모두 흡족해한다. 손주들이 철들면 이름에 담긴 의미를 풀어주고 이름값을 하도록 비전을 심어주리라 마음먹는다. 주말에는 손주들 만나는 재미가 쏠쏠하다. 천륜을 만나고 그 재롱을 경험하는 기쁨을 뛰어넘을 수 있는 것은 세상에 다시없을 것이다.

단독주택에 사는 것이 이렇게 좋을 수가 없다. 아파트에서는 층간소음 때문에 늘 조심을 당하던 손주들이 우리 집에 오면 기가 펄펄 산다. 마음껏 소리 지르고, 신나게 뛰어논다. 그 모습이 아름답다. 제 새끼는 눈에 넣어도 아프지 않다고 한 것이 구구절절 맞는 말이다. 사실은 주택을 처분하고 아파트로 이사하려고 몇 번을 시도했었다. 손주들을 위해서라도 몇 해는 더 참아내려 한다. 삼십 년을 더 지냈으니 한 곳에서 어지간히 산 셈이다. 사람은 흔히 성질대로 간다는 말이 있는데, 아내나 나나 변화에 무척 둔감한 편이다. 지금 뒤돌아보니 유행을 따르지 않고 우직하게 산 것도 이득이 된다.

집 안의 텃밭이 스무 평 남짓하니 별별 채소를 다 가꾼다. 밭일은 아내의 차지다. 작물이 열서너 가지나 된다. 난 도우미로서 요청이 있을 때만 일을 거든다. 아내는 인터넷과 스마트폰을 검색해 가며 영농 기술을 익힌다. 처음엔 연거푸 실패했다. 한 번 낭패를 보면 다음엔 반드시 작황을 좋게 일궈낸다. 나이가 들수록 그 무엇에 빠져 사는 것이 정신 건강과 몸에 유익하다는 것을 증명이라도 하듯이 열중한다. 도심에서 시멘트 건물과 벽에 둘러싸여 사는데 흙을 만져보고 식물과 호흡을 함께하는 것이 행복이다.

풍성한 채소를 두 식구만 먹기에는 벅찬 양이다. 아내는 새벽같이 일어나서 먼동이 트기 전에 텃밭 일에 나선다. 적당한 양을 비닐 팩에 넣어서 이웃에 나눠 주고 때로는 지인들에게 일일이 수요 조사를 해서 배달을 한다. 작은 것이라도 적은 양이라도 나눌 수 있어 즐겁다. 내 손으로 직접 농사한 것을 나누는 기쁨은 두 배다.

한때 공직에 있을 때 타지로 발령을 받아서 삼 년간 전세를 놓고 우리는 임지로 이사를 가서 살았다. 기관장으로서 책무성이 너무나 무거웠으므로 아예 주민등록까지 옮겨 지역민들과 하나가 되기로 노력했다. 지역을 사랑하는 진정성을 알아주고 협조도 많이 해 주어서 보람이 컸다. 임기를 마치고 다시 본가로 돌아오니 주인이 돌보지 않은 사이에 여기저기 손볼 곳이 많아졌다.

특히 집 앞은 동네 쓰레기 집하장으로 변해 버렸다. 원래는 자기 집 앞에 쓰레기를 모아야 한다. 그런데 전봇대가 무슨 원수인가? 전봇대를 기준으로 삼아 쓰레기를 모으기 시작했나 보다. 주인이 돌아온 후에 절대로 안 된다고 하자니 너무 야박한 것 같기도 하여 불편한 속을 삭이다가 한 번은 낯익은 이웃 어른들과 쓰레기 모으는 사안에 대해 입을 뗐다. 각자 제집 앞에 두는 것이 원칙이란 점에는 공감했다. 하지만 원래대로 되돌리자는 안에는 흔쾌하게 찬성하는 낯빛이 아니었다.

따지고 보면 담장 바깥은 개인 소유의 땅이 아니다. 전봇대를 기점으로 하여 자연스럽게 쓰레기를 모았는데 문제의 그 전봇대가 우리 집 쪽으로 세워져 있으니 내가 수용하고 넘어가는 것이 공공의 편리함에 보탬이 된다는 판단이 섰다. 그래서 내가 없는 사이에 관행처럼 굳어진 것을 다시 바꾸자고 주장하는 것도 마음이 편치 않아 서로 깨끗하게 관리하고 분리수거도 철저히 이행하는 것으로 합의를 봤다. 그러고 나니 마음이 한결 편하고 이제는 아무렇지도 않다.

언제까지 이웃으로 살지 그 누구도 모를 일이 아닌가? 아침저녁으로 얼굴 뵐 때 반갑게 인사하고 웃으면서 채소 몇 잎이라도 나누는 소소한 행복이 진정한 축복이리라. 사람을 잃지 않고 사람부터 챙기는 것이 돈이나 일을 우선하는 것보다 낫고 세상에서 제일 큰 이득이라는 믿음에는 변함이 없다.

견공 이덕二德

세간에 떠도는 난센스 퀴즈 중 '개가 사람을 가르친다.'를 네 글자로 말해 보라는 우스갯소리가 있다. 쉽사리 짐작했겠지만 정답은 '개인교수'이다. '개인교수個人教授'를 패러디한 것이다. 반려견과 함께하는 우리 국민이 일천만 명에 이른다고 하니 이런 유머도 나돌 만하다. 동물 친화적인 생활을 하다 보면 동물로 인해 위안이 되고 감정을 치유하는 경험도 할 것이다. 나도 개를 기르면서 개한테서 배울 덕이 있다는 것을 실감했다. 그 이야기를 풀어놓는다.

마을회관에서 놀다 오신 어머니께서 마당에 들어오시는데 '아론'이가 알아보고 신명나게 뛰며 뱅뱅이를 돈다. 삼 년 만에 다시 만난 첫 주인을 반기는 모습을 보니 신통하다. 짐승이지만 눈썰미가 예사롭지 않다.

'아론'이는 고향 집에서 태어난 강아지이다. 내가 정년퇴임하고 기관장 관사 생활을 접고 본가로 되돌아갈 때 고향 집에서 기르던 강아지 한 마리를 가져왔다. 강아지 이름을 '아론'이라고 붙인 것은 나름대로 의미가 있다.

'아론'은 구약성경에 나오는 이스라엘 민족의 지도자이다. 동생 모세를 따라 애굽의 바로 왕 밑에서 종살이하던 동족을 구해낼 때 아론은 모세의 대변자 역할을 한다. 그만큼 말을 잘하고 모세를 도와 가나안 고토로 민족을 인도할 때 협력했던 사람이다. 내가 개 이름을 '아론'으로 정한 사연은 잘 짖고 집을 든든하게 지키는 도우미 역할을 충실하게 해 달라는 뜻이 담겨 있었다.

나는 일찌감치 단독주택에 살았는데 시대의 추세를 따라 이웃들이 하나, 둘 아파트로 떠나자 그 주택은 헐리고 원룸이 들어섰다. 한때는 미관지구로서 집집마다 자부심이 센 동네였다. 삼십년 전 첫 주택을 매입했을 당시엔 스무 평 남짓한 마당에 잔디를 예쁘게 가꾸었다. 공직자로서 발령지에 가서 살아야 했으므로 삼년간을 전세로 돌렸더니 세입자들이 제대로 돌보지 않아 마당이 흉물스러워졌다. 어찌해 볼 도리가 없어서 잔디를 캐내고 밭을 일궈 각양 채소를 가꾸어 먹는다. 전화위복轉禍爲福이라고 스스로 위로한다.

배추, 가지, 오이, 호박 농사를 짓고 무화과, 포도, 자두 등 유실수를 심어 아담하게 꾸며 놓았다. 소일거리로도 좋고 웬만해서는 시장 갈 일이 없을 만큼 두 식구가 자급자족한다. 몸과 마음의 건강 증진에 엄청난 도움이 된다.

도심 속 우리 집으로 온 아론이는 며칠간을 영 짖지를 않았다. 이전에도 개를 길렀기 때문에 개집도 있었다. 그런데 다른 개가 살던 개집에는 아예 들어가지를 않으려 억지를 썼다. 가까스로 끌어다 넣어도 결사코 튀어나온다. 이길 재간 없었다. 개의 본성을 이해하려 인터넷을 검색도 해 봤다. 혹시나 싶어서 털갈이할 때 제 털을 모아서 개집에 넣어 냄새를 배게 해서 친화력을 돋워 준 뒤에 개집 안에 몰아넣어도 효험이 없었다. 그렇다고 내 방안까지 개한테 내주고픈 순정파는 아니다. 할 수 없이 기존의 개집을 의지해 판자를 덧세우고 지붕을 얹어 아론이 집을 새로 만들었다.

일주일쯤 지나자 드디어 아론이가 짖기를 시작했다. 아마 적응기간이 필요했나 보다. 낯선 사람이 수시로 지나다니는데 일일이 경고하듯이 짖어댄다. 동네 사람들 중에 개가 짖는다고 해서 아무도 딴죽을 걸지 않았다. 아론이가 발바리류에 속하기 때문에 귀엽게 생겼고 갈색 빛깔의 털도 아름다워 미움을 덜 받았다. 원룸이 동네의 절반을 차지하다 보니 특히 밤중에 개 짖는 소리가 도둑을 지켜주는 효험이 있다고 묵인해 주나 보다.

나와 아론이는 이심전심以心傳心의 교감이 잘되었다. 사료를 그릇에 담아두면 언제나 일정 양을 챙겨 먹는다. 아무리 많은 양을 갖다 놓아도 적정하게 먹으며 과식하는 일이 절대로 없다. 그것도 꼭 그릇의 앞쪽부터 시작해서 야금야금 먹어 들어간다. 알갱이 한 알도 밖으로 흘리지 않는다.

어느 해 봄에는 제주도로 4박 5일 부부 여행을 다녀왔는데, 개로 인한 걱정을 전혀 하지 않았다. 닷새 치 사료를 수북이 담아놓아도 개가 알아서 나눠 먹고 집을 지켜주니까 마음 놓고 여행을 즐길 수 있었다. 가축도 본능대로 살겠거니 했는데 본능치고는 그 절제력이 대단해 보인다. 나보다 한 수 위다. 왜냐하면 때로는 음식이 아까워서 배가 부른데도 나는 몇 술 더 뜨는 경우가 허다하니까 말이다. 엄격한 절제력은 개한테 배워야 할 처지이다.

개를 기르니까 음식물 쓰레기 치우는 일은 수월하다. 주인이 잘 먹으면 그날은 개도 특식을 얻어먹는다. 주인의 밥상에서 나온 것이 아무리 부스러기일망정 주인의 마음도 묻어 들어간 음식이 아닌가. 빈 그릇을 다시 돌아서서 혓바닥으로 깨끗하게 핥는 모습을 보니 엄청나게 맛있나 보다. 한 주일에 한두 번은 남은 찬을 모아서 특식을 내놓는다. 개하고 잘 사귀기 위해서이다. 어쩌면 개도 드문드문 내놓는 특식의 날을 몹시 고대할 것만 같다.

주말에 손주들이 들이닥치면 그날은 축제일과 버금간다. 아이들이 얼마나 강아지를 좋아하는지 개는 외롭지 않다. 강아지와 함께 노니는 동안 아이들은 무엇을 느끼는지 모를 일이다. 정서적으로 좋다고는 하지만 구체적인 정보는 부족하다. 겁을 내면서 조심스럽게 다가가는 것부터 연습한다. 그러다가 손을 대어 개를 만져보고, 털을 쓰다듬어 본다. 오래 걸리지 않아서 금방 친구가 된다. 인형을 데리고 소꿉놀이하는 것보다 훨씬 정감이 쌓일 것이다. 모르긴 몰라도 생명체와 호흡을 나누는 동안 수많은 교감이 이루어질 것이다.

아론이의 짖는 소리가 참으로 듣기 좋다. 짜증이 나거나 거북스럽지 않다. 이웃에서 개 짖는 소리에 대해서 민원을 제기한 사람이 없다. 동민들은 잠시 시끄럽지만 모두 안심이 되나 보다. 옆집 원룸에서 배달시킨 음식을 먹다가 남으면 담 너머로 던져서 아론이 집 앞에 쌓인다. 그래도 아론은 마구 먹어대지는 않는다. 절제의 지혜는 언제나 빛난다.

아론이만큼 반겨주는 사람이 있을까 싶다. 내 승용차가 집 부근에 도착하면 보이지 않는데도 어떻게 알아차리는지 신기하다. 모롱이를 돌기 전에 벌써 아론이가 반기면서 짖는 소리가 들린다. 주인의 차 소리와 특유의 휘발유 냄새를 감지한다. 대문을 열자마자 개집 앞에서 펄펄 뛰며 환호한다. 온종일 집을 지키다가 주인이 나타나니까 무진장 좋은 것이다. 아론이처럼 누구를 진심으로 반겨 맞는 일을 일상적으로 실천하는지 나를 돌아본다. 소통의 시작은 반가운 만남에서부터 이루어지는 게 아닌가.

반가움의 실체는 무엇일까? 눈빛의 교환, 마음의 흐름, 경계할 요소라고는 전혀 없는 순수함, 존중해 주고 믿어주는 안도감 등 다양할 듯하다. 그중 어느 한 가지라도 공통분모를 찾아 진심으로 반가움을 나누자. 서로 존재감을 높여주는 의미 있는 일이 될 것이다. 누구를 대할 때는 과거와 현재의 시련을 딛고 장하게 내 앞에 마주한 인연을 소중히 여겨야 한다. 또한 그분의 활짝 피어날 미래를 예견하면서 축복하는 태도를 보여주는 것이 옳다고 하겠다.

나는 서른한 해를 거처해 온 단독주택과 작별하고 새 아파트를 분양 받아서 이사를 했다. 아내가 그토록 소망하던 곳에 입주하면서 정든 개를 고향 집으로 다시 되돌려 주고 나니 마음 한구석이 몹시 허허롭다. 이심전심의 애틋한 친구요, 한식구처럼 지냈던 아론이를 내 생각의 방에 영영 머물게 할 것이다. 온몸과 혼을 다해 사람을 반겨주는 태도와 식탐이 없는 고단수의 절제 능력, 이 두 가지 덕을 가르쳐 준 특별한 연緣을 잊지 않으려 한다.

손녀를 반기며

맏아들이 출근길에 두 아이를 데리고 왔다. 은우恩友는 제 발로 걸어왔고 동생 은빈恩彬이는 잠이 든 채로 아빠 품에 안겨 왔다. 귀여운 손녀들이다. 유치원과 어린이집에서 봄방학을 하였다. 아들과 며느리는 맞벌이하므로 평소엔 안사돈이 아이들을 돌본다. 그런데 사돈이 밀린 일을 봐야 하므로 우리 내외가 사흘간 당번을 하게 되었다. 나는 내심 반가웠다. 아이들과 함께하며 친숙해질 수 있는 기대감 때문이다. 티 없이 맑은 눈망울, 아무것에나 호기심이 가득한 눈빛, 청아한 목소리까지 한순간도 놓칠 수가 없다. 할아버지와 할머니도 눈높이를 한껏 낮추어 일곱 살, 다섯 살로 되돌아가 천진난만해져야 한다.

아홉 시가 넘어 은빈이가 깼다. 아침밥을 먹이고 이제 놀아줄 일만 남는다. 아이를 봐 주는 일은 아이들과 잘 어울려 주는 것이 우선이다. 무슨 놀이를 할까? 은우가 숨바꼭질을 청한다. 할아버지가 술래다.

숨어 있는 곳을 일부러 지나 엉뚱한 곳을 서성이며, 재미를 만끽하도록 시간을 벌어 준다. 아이들이 기다리다가 참지 못하고 "까꿍"하며 신호를 보내온다. 그제야 겨우 찾아낸 체한다.

실제로 내 자식 삼남매를 키울 때는 자상하게 돌보지 못했다. 근사하게 놀아줄 겨를이 없었다. 억지로 시간을 내어 재미있게 생활 계획을 꾸려야 하는데 절핍한 살림이 몸에 익어 그런 생각 자체를 하지 못했다. 우리 부부가 은퇴를 하고 마음의 여유를 찾은 지금이 마냥 좋다. 후대後代를 눈앞에서 마주하는 축복은 얼마나 감사한가!

지루해지기 전에 변화를 줄 시간대이다. 이번엔 할머니가 '짝짓기놀이'를 제안했다. 조손간에 넷이서 손을 맞잡고 원을 그리며 동요를 부르면서 돈다. "둥글게, 둥글게 빙글빙글 돌아가며 춤을 춥시다." 돌다가 갑자기 "두 명"이라고 할머니가 외친다. 저희 자매끼리 꼭 껴안는다. 우리 부부도 따라서 부둥켜안는다. 서로 쳐다보며 함박웃음을 피운다. "손뼉을 치면서, 노래를 부르며, 링가링가링가~ 링가링가링~" 원을 그리다가 벼락같이 "두 명" 하면서 내가 큰애를 안는다. 동생은 잽싸게 할머니 품에 안긴다. 놀이를 통해 형제 우애와 가족 사랑을 체득하게 될 것이라는 확신이 선다.

뭐니 뭐니 해도 아이들 말솜씨 느는 데에 흠뻑 빠진다. 이보다 신기한 일이 있을까 싶다. 맏이 은우가 다섯 살 때였다. 소꿉놀이를 하잔다. 자기가 엄마이고 나더러 아기 역을 하란다. 배역을 정해 주더니 정말 엄마로서의 역을 수행하는 것이다. 테니스공을 밥이라며 차려 준다. 맛있게 먹는 시늉을 해 보인다. 마냥 웃으며 좋아한다. 그때 내가 "엄마, 친구랑 놀다 올게." 하며 허락을 받아서 방문을 열고 거실로 나왔다가 한참 만에 들어가다가 일부러 문지방에 걸려 털썩 넘어졌다.

"엄마, 나 다쳤어."

라고 울먹였더니,

"내 그럴 줄 알았어. 조심하지."

하며 꾸짖는다. 너무나 상황에 맞는 말이 튀어나오기에 깜짝 놀랐다. 억양이며 묻어나는 감정 표현이 잘 훈련된 아역 배우 같다. 이를 어떻게 받아들여야 하는가? 평소 엄마한테서 아니면 어린이집 선생님에게서 들었던 말을 입력해 놓았다가 고스란히 내뱉으면서 카타르시스를 경험하는 것이 아닐까? 아이가 얼마나 통쾌해하던지 그 모습을 보고서 그렇게 짐작해 보는 것이다.

한번은 치자梔子꽃이 노랗게 물든 화단 옆에서 꽃 수업을 하였다. 향기를 맡아보게 했고, 꽃잎을 만져보게 했다. 그리고 내가 꽃술을 가리키며

"이건 수술이야."

하며 말을 이어가려는데 은우가 돌직구(?) 물음을 던진다.

"할아버지, 그럼 꽃이 병원에 가야 해?"

별안간 머릿속이 하얘진다. 어린것의 연상聯想이 수준급이 아닌가? 며느리는 간호사이다. 자기 엄마한테서 언젠가 들었던 어휘일 수도 있다. 어쩜 어린이집에서 병원 놀이하면서 환자를 수술한다고 이야기했을 것이다. 어쨌든 놀라운 일이 아닐 수 없다. 우리말에 동음이의어同音異義語가 많은 데서 오는 혼란을 참 일찍도 경험한다.

지난가을엔 은우 편에 사돈이 김치를 한 통 보내왔다. 그날도 이런저런 놀이도 하고 블록 장난감으로 온갖 모형을 만들며 할아버지와 놀다가 돌아갈 시간이 되었다. 아내가 김치 보내왔던 통에 직접 농사지은 고구마를 담아서 은우에게 건네면서, "이것 외할머니 갖다드려라."라고 하니, 은우가 하는 말이 기가 찬다.

"아, 우리가 김치를 주니까 할머니도 우리한테 무엇을 주네."

인간관계망에서 주고받는 황금률을 한순간에 깨치며 그것을 제 입으로 표현하는 화술에서 새삼 놀랐다.

오늘도 예외 없이 말솜씨를 뽐낸다. 창가에 놓인 화분 가운데 제라늄이 붉은 꽃을 피워 올렸다. 향기를 맡아보라고 권했다. 잎사귀에서 특유의 냄새가 풍긴다. 이름을 가르쳐 준다.

"은우야, 꽃 이름이 '제라늄'이야. 따라서 해 봐."

은우가 "제나윰"이란다. 정확하게 발음할 때까지 서너 차례 연습시키는데, 돌연 거부한다.

"할아버지, 은우 입 망가지겠다."

그 상황에 딱 맞아떨어지는 말솜씨에 또 놀라고 만다. 모국어 습득하는 능력은 타고난다는 것이 맞는가? 어른이 따라잡기 어려울 만큼 언어 구사력이 빼어난 것을 어떻게 이해해야 할까? 감탄을 금할 길 없다. 우리 뇌는 자기가 처한 환경에서 가장 효율적인 학습을 하도록 재조직되는 경향을 나타낸다고 한다. 어린이의 두뇌는 언어 습득에 대한 세포 자체 내의 수용성을 지니고 있어 어릴 적에는 두뇌가 유연하다는 이론에 믿음이 간다. 제 딴에도 새말이 만들어져 입 밖으로 튀어나오고 그 말을 들은 어른들이 기특해하며 놀라워하니 매우 기뻐하고 만족한 웃음까지 보여준다.

오후엔 배드민턴 놀이를 한다. 하얀 깃털이 숭숭 돋아난 공을 라켓에 맞추어 주고받는 재미가 쏠쏠하다. 연속 두세 번을 이어가기도 버겁다. 은우가 치기 좋도록 공을 보내기가 여간 쉽지 않다. 연신 바닥에 떨어진 공을 주우며 할아버지가 잘해 보라고 성화를 부린다. 삼십여 분 만에 실력이 늘어 대여섯 번 공이 왔다, 갔다 하니 무척 재미있어한다.

그때 은우가 한마디 날린다.

"은우 허리 빠지겠다. 공은 이제 할아버지가 다 주워."

공 줍는 것은 할아버지가 계속 하란다. 제 딴에는 허리를 굽혔다가 펴기를 거듭하니 힘이 들었나 보다. 아이들의 언어생활이 풍부해지는 것은 일상생활에 순순히 적응하려는 자구책이 아닐까? 놀이를 통해 무의식적으로 언어를 익히고 배우는 암묵적 방법이 언어 발달에 도움이 더 된다는 이론에 고개가 절로 끄덕여진다. 손녀와 보낸 하루해는 동화 속에 들어가서 요정에게 이끌려 한바탕 놀다 온 듯하다.

시나브로

아뿔싸, 부지불식중에 일을 그르치고 말았다. 감나무에 매달린 빛깔 고운 감잎을 플라스틱 빗자루로 마구 털어내고 있었다. 내 초심은 엎지른 물이 되고 말았다. 나무를 쳐다보며 정말 미안한 마음이 든다. 잠시 딴생각에 빠져 정신 줄을 놓은 것이 화근이다. 이러지 말자고 얼마나 다짐했던가. 감잎의 수한壽限이 다할 때까지 기다리는 것이 천리天理인 것을. 거룩한(?) 결심을 한순간에 망쳐 버린 것이다. 다시금 마음을 단단히 먹고 순리대로 마지막 한 잎사귀까지 사뿐히 내려앉기를 기다리련다.

원래 감잎은 효능이 좋아서 사람의 손을 탄다. 연한 감잎에 찹쌀가루를 입혀 기름을 둘러 지지면 감잎전이 완성된다. 보드랍고 쫀득한 식감이 뛰어나며 특히 비타민이 풍부해서 건강 밥상을 차릴 수 있다. 또는 오뉴월에 어린 감잎을 따서 말려 두었다가 차를 우려먹기도 한다. 감잎차는 혈액 순환을 원활하게 해주고 몸속의 독소를 없애주어 피부를 깨끗하게 해준다고 전해 온다. 이렇듯 귀한 대우를 받을 기회조차 못 얻고 가을볕을 온몸으로 쬐며 끝까지 모체에 남아 본분을 다한 감잎을 푸대접한 것이 맘에 걸린다.

앞집의 어르신은 감나무 잎을 확 털어버리라고 요청한다.

"나무한테 미안해서 그리하지 못한다."

라고 말을 받아주었더니

"뭐가 미안하냐?"

라며 웃어넘기신다.

감잎을 대하는 내 속마음을 알 리가 없다. 근 달포 동안 시나브로 떨어지는 나뭇잎을 조석으로 쓸고 집 앞을 말끔하게 치운다. 그야말로 동네 골목길에서 마음 공부를 한다. 떨어진 감잎을 쓸어 담으며 하늘의 이치를 묵상하고 순리의 길을 익힌다.

하기야 앞집 양楊씨 아저씨의 훈수처럼 장대로 후려쳐서 단숨에 감잎을 털어내면 번번이 낙엽을 쓸어내는 수고를 덜 수 있다. 어찌 보면 그리하는 것이 지혜로운 일 처리라고 여길 수도 있겠다. 양씨 아저씨는 자기가 일러준 대로 하지 않고 시도 때도 없이 일삼아 청소하는 내 모양을 한심하다고 여길는지 모른다.

오늘도 길바닥에 떨어져 깔려 있는 황갈색 감잎을 쓸어 모은다. 참으로 빛깔이 곱다. 그냥 쓰레기 취급하기엔 비효율적이라 생각된다. 그렇다고 뾰족한 묘안이 따로 있는 것은 아니다. 일부는 텃밭 가장자리의 담벼락 밑에 모아서 흙과 함께 섞어 다독인다. 흙을 섞는 것은 우선은 바람에 날려가지 못하도록 함이요, 차선은 퇴비로 활용할 요량이다. 문학도를 꿈꾸던 학창 시절엔 고운 잎만 골라서 책갈피로 활용했던 기억이 새삼스럽다. 감잎 속에서 우주를 발견한 듯 끝없는 상상의 나래를 펼치며 시상에 젖어서 지낸 적이 있다. 그때의 감성이 여태 그리움으로 남아 있으니 시간의 흐름이 무상한 것만은 아닌 듯하다.

올해 작황은 매우 실망스럽다. 병충해 방제에 소홀했던 탓도 있고 거름에 잔신경을 쓰지 않아서 당연한 성적표이지만 애꿎게 나무만 쳐다보게 된다. 이십여 년 전에 고향집 마당에서 겨우 뿌리내리고 살 만한 녀석을 도회지 한복판 우리 집 정원에 옮겨 심었다. 더구나 옮겨올 때 잘 살리려고 고향집 텃밭의 흙으로 뿌리를 감싸 왔기에 내게는 참으로 각별하다. 이렇듯이 감나무는 고향의 부모님과 객지 생활하는 장남을 이어주는 연상의 매체요, 만사가 여의치 않을 때에 위안을 주는 마음의 벗이다.

한때는 경이로운 풍작을 만끽한 적도 있다. 그해에는 씨알이 좀 작기는 해도 일곱 접을 수확했다. 감 낱알로 칠백여 개를 땄다. 몇 날 며칠을 아내와 둘이서 밤마다 감을 깎아서 곶감 만들기 작업에 골몰했다. 서툰 솜씨로 막대에 못질을 해서 거치대를 완성한 뒤 깎은 감을 매달았다. 그런데 날씨가 도와주지 않았다. 웬걸! 늦가을에 얄궂게 비가 잦았다. 가을볕에 탱글탱글하게 감을 말려야지 수분이 증발하여 곶감으로 변신하는데 햇볕이 영 신통찮아

바람대로 되지 않았다. 하룻밤 자고 나면 감이 줄줄이 내려앉았다. 망연자실, 허탈감뿐이었다. 급기야는 곰팡이도 피고 걷잡을 수 없이 변색하는 바람에 감당할 길이 없었다. 절반도 건지지 못했다. 지금 되돌아봐도 참으로 아쉽고 아깝기가 그지없다.

감잎은 한 해를 살고 일생을 마감한다. 겨우내 죽은 듯이 칙칙한 나뭇가지에서 새순이 돋을 때는 감동이다. 작은 것이 역시 아름답다. 연두색 잎사귀가 거름발을 받으면 초여름으로 접어든다. 검푸른 색으로 건강미를 띤다. 감이 탐스럽게 익어가면서 단풍이 들고 햇빛에 반짝이며 자태를 뽐내는 기간이 절정이다. 이런 관점으로 바라보면 우리 인생도 우주라는 모체에 붙어있는 개체인데 사람 목숨이 귀하듯 나무에 붙어있는 감잎의 개체는 존중받아야 할 생명체인 것이다. 그런즉 스스로 생명의 수를 누릴 때까지 기다려 주는 것이 도리이다. 땅바닥에 고이 내려앉을 때까지 기다려 주는 것이 옳다.

인명人命은 재천在天이라 하니, 사람이 스스로 생명에 대해 이러쿵저러쿵 토를 다는 것은 금물이라 생각된다. 엄히 말하면 절대 금물이다. 성경에서 비유적으로 밝혔듯이 토기장이가 흙을 가지고 임의로 그릇을 빚을 권한을 행사한다. 그릇이 토기장이를 향해 왜 나를 이런 생김새, 이런 용도로 빚었느냐고 대꾸할 수는 없는 일이다. 그릇의 용도대로 주인에게 쓰임을 받으면 그뿐이다.

나는 간혹 강의 요청을 받는다. 분야는 인성 교육이다. 청중 앞에서 인성 덕목을 말할 때 빼놓지 않는 내용이 바로 생명 존중이다. 내 목숨이 귀하듯 상대방의 삶과 인권도 소중하다. 인성 덕목 가운데 힘주어 강조하고 싶은 것이 존중과 배려이다. 흔히 말장난하듯이 '일흔다섯도 많이 살았지.' 또는 '오래 살까봐서 걱정이야.' 등등 무심결에 툭툭 내뱉는다. 어쩌면 이런 말버릇은 사람의 오만에서 비롯된 것이리라. 본인의 생명이든 남의 목숨이든 가릴 것 없이 사람이 생명에 대해 한계를 긋는 것은 금기禁忌할 일이다.

나이에 상관 없이 일에 열심을 내고, 운동도 적당하게 꾸준히 하고, 비전을 이루기 위해 공부에 힘쓰며 평생 자기관리를 성실히 해야 한다. 그리고 너나없이 선한 영향력을 발휘하여 이웃과 사회에 유익한 존재감을 나타내야 할 것이다.

비록 감 이파리 한 장일지라도 생명 존중의 마음으로 바라보면서 모체인 나무에서 스스로 분리되는 순간까지 기다리는 나의 초심을 지키려 한다. 감잎과의 심리적인 교감이 이루어지니 자연과의 숭엄한 소통이 아닌가. 막대나 빗자루로 감잎을 털어내는 일은 결코 하지 않으리라. 책을 읽다가 눈꺼풀이 붙으려 하면 으레 창밖을 향한다. 눈길 닿는 곳엔 감나무가 수호천사인 양 버티고 있다. 감나무의 뻗은 가지를 따라가면 그 끝자락은 청잣빛 하늘이다. 허허로운 가을 하늘을 배경으로 시나브로 감잎이 내려앉는다. 이별의 몸짓이 눈부시다.

텃밭 일기

우리 아파트는 도시 근린 농촌지역에 있다. 시공사가 이름 있는 건설업체여서 눈독을 들이다가 모델 하우스를 구경한 뒤 곧장 분양 신청서를 넣었다. 경쟁에서 떨어져 상심이 컸지만 마침 저층에 여분 아파트가 있어 막차를 타게 되었다. 아내의 결정으로 2층을 택했다. 고층에 비해 가격이 저렴하고 지기地氣를 충분하게 받을 수 있어 건강에도 좋으니 일거양득이다. 뿐만 아니라 농사짓기에 안성맞춤이다.

단지團地 주변에는 야산이 산등성이를 따라 제법 길게 누워 있는 형국이다. 입주하자마자 아내가 서둘러 농사지을 땅을 살폈다. 산책로를 끼고 볕이 잘 드는 곳에 농지로 쓸 만한 땅이 더러 있었다. 이미 좋은 자리를 차지한 농사꾼들은 보란 듯이 진지를 구축하고 있다. 우리 부부는 그나마 남들보다 일찌감치 둘러본

덕에 반그늘 지는 빈터를 구했다.

울타리를 설치하여 영역을 확정해 놓고 신나게 이랑을 만들고 잡초와 돌을 제거하고 흙을 파서 부드럽게 일궜다. 농촌 태생으로서 이 정도의 일은 어른들이 하는 것을 어깨너머로 배웠기에 척척 해낸다.

어느덧 올해는 삼 연차에 접어든다. 그간의 시행착오를 밑천삼아 볕이 잘 드는 쪽엔 참깨, 고구마, 고추 등을 주류 작물로 키우고, 그늘이 많은 곳엔 들깨, 더덕, 고사리, 쌈 채소, 가지, 오이, 방울토마토, 방풍, 옥수수, 호박 등 열 가지를 넘겼다. 살림에 보탬이 되는 먹거리 위주로 가꾸다 보니 구매할 일이 확 줄었다.

우리 부부에게 농사일은 노동이라기보다는 운동에 가깝다. 건강한 소일거리다. 그런데 부수적으로 얻는 보람과 기쁨이 가득하다. 우선 생명을 돌본다는 차원에서 감격스럽다. 상추 뽑았던 자리에 참새들이 날아들어 햇볕을 쬐며 흙으로 멱을 감고 간다. 고라니는 호박순을 뜯어 먹고 마 넝쿨의 새순을 골라서 따 먹는다. 산에 사는 동물들과 나눠 먹는다. 멧돼지 서식지가 없는 게 여간 다행스럽지 않다. 그야말로 평화 공존지대이다.

씨를 넣지 않으면 열매를 꿈에라도 언감생심 바랄 수 있으랴. 씨알 속에 내재된 생명 프로그램이 신기하기가 그지없다. 싹이 돋아나고 잎이 나고 줄기가 튼실해진다. 급기야 꽃을 피우고 열매를 내준다. 신기하고 감탄스럽다.

내 열심과 열정만으로 될 일이 아니다. 하늘이 햇빛을 뿌리고 비를 내리지 않으면 작황은 반감된다. 하늘이 때를 맞히어 주어야만 풍작이다. 사람 살아가는 이치도 이와 별반 다르지 않다. 우리는 때를 준비하고 시기를 기다린다. 그 모든 과정이 삶의 한 부분이다. 작물을 가꾸며 알게 모르게 나 자신을 채찍질하는 깨달음이 마냥 즐겁다.

그뿐만 아니라, 아래층과 위층에 사는 가족들과의 유대를 넓히는 데에도 밭에서 거둔 작물이 한몫을 했다. 상추를 솎아서 깨끗이 손질하여 나눠 먹으니 마음의 길이 트였다. 두 집 다 아이들이 어리다. 층간 소음 문제가 일어날까 봐 조심하는 분위기인데 우리 부부는 넉넉히 이해하고 받아들이니 갈등의 여지가 없다. 간혹 아이들 뛰노는 발자국 소리가 크게 들려도 우리 손주들 모습을 그리며 그저 귀엽게 넘긴다. 두어 차례 아래위의 집에서 먹거리를 가져왔다. 우리가 상추를 몇 번 드렸더니 고향에서 가져온 귀한 과일이랑 때로는 맛있는 빵을 건네준다. 음식에 묻어오는 이웃 간의 정이 아름답지 않은가.

한편으로 마음을 묻어둘 수 있는 특정 장소가 있음이 행복하다. 우리 내외는 작물 재배 공간을 '산밭'이라고 부른다. 산밭은 직장 같은 곳이다. 한번은 새벽녘에 새 잠이 들었는데 고춧대와 잎에 붙은 벌레를 잡는 꿈을 꾸었다. 곰실곰실하는 벌레 모습이 생시와 흡사했다. 마음의 절반을 그곳에 빼앗긴 때문이리라. 정년퇴임한 이후에 집중할 수 있는 업이 생겼다는 것이 잔잔한 행복이다.

농기구를 보관할 산막도 지었다. 아내가 설계를 하고 거기에 맞추어 기둥감 나무를 준비하고 패널panel을 얹으니 눈비를 막을 수 있고 철 지난 현수막을 구해 사방으로 둘렀더니 근사한 창고가 완성되었다. 산막의 기초는 아내가 연습지에 그려낸 도면이 결정적인 단초가 되었다. 그래서 더욱 의미 있고 재미를 더했다.

농사꾼이 되니 몸과 마음을 가꾸는 것은 저절로 따라온다. 이른 아침에나 저녁 무렵에 산책도 할 겸 텃밭에 나가서 작물을 돌보는 것이 몸에 배었다. 맑은 공기를 들이켜며 흙냄새를 맡고 흙을 밟으며 사는 것은 건강에 최적한 환경이다. 일상 속에서 참살이well-being를 실천한다.

가뭄이 심해 고춧잎이 시들어 가는 것을 어찌 그냥 둘 수 있으랴. 생수 병에 물을 채워 배낭을 지고 산길을 오르내리면 근육 운동은 저절로 된다. 고추 이랑 옆에는 참깨꽃이 활짝 피어 무리 지어 있으니 화초처럼 아름답다. 장마에 대비하여 참깨가 비바람에 넘어지지 않도록 군데군데 말뚝을 박고 끈으로 묶는 작업을 서둘렀다. 말뚝 박는 아내에게 내가 참견했더니 내 말을 무시하고 자기 생각대로 해나간다. 간단한 일이지만 그 과정에서 부부간의 이견으로 말미암은 불편함이 없어야 한다. 그래서 나는 말뚝을 만들고 아내는 말뚝을 박아 끈으로 묶는 일을 분담했다. 조금만 마음을 쓰면 한편이 되어 가정 평화를 지켜낼 수 있다는 것을 일하면서 알아간다.

이틀 동안 오락가락하던 비가 예보보다 빨리 오전에 그쳤다. 고추에 살균제를 뿌려야 한다. 잎사귀에 매달린 빗방울을 털어낸다. 약간이라도 상한 잎은 아예 따서 버린다. 오염이 번질까 봐서 닦달하는 것이다. 그리한 연후에 약을 살포한다. 내 마음은 한참을 앞서가서 벌써 새빨간 고추를 거두는 연상을 한다. 때를 맞힐 수만 있다면 태양초도 만들어 낼 셈이다. 텃밭 가꾸는 것은 생명의 기운을 공급 받아 삶의 보람을 키우며 행복을 충전하는 일이다.

달맞이꽃 향연饗宴

눈을 뜨고 귀를 열면 세상이 온통 소란스럽다. '코로나19' 감염병이 인류를 공포의 도가니로 몰아넣었다. '사회적 거리두기'라는 새로운 용어도 이제 귀에 익었다. 지인 및 가족끼리도 만남이 자유롭지 못해 안타깝다. 오늘은 방에 처박혀 있던 몸을 이끌고 모처럼 혼자서 광야로 나왔다.

'광야'란 명칭은 아내와 함께 산책하다가 생각해낸 것이다. 바로 아파트 인근의 빈터이다. 택지를 조성하려고 모某 건설사에서 부지를 매입한 뒤에 여기에 터 잡고 살던 자연부락 주민들을 이주시키고 아파트 단지를 조성했는데 이곳은 아직 미개발 지역으로 남아 있는 땅이다. 광야라는 이름이 어울리는 것은 우선 광활하며, 미개척지로 남아있기 때문이다.

입주한 지 두 해 지난 뒤부터 도로를 낀 택지에 가게가 들어서

더니 영업을 하는 곳도 네댓 곳이다. 나머지 빈터에는 잡초가 자생한다. 특히 쑥부쟁이, 강아지풀, 망초, 클로버, 달맞이꽃 등이 강세를 보인다.

수많은 잡풀더미 속에서 달맞이꽃이 유독 정겹게 느껴졌다. 유년 시절에 불렀던 동요「달맞이」곡조의 한 소절이 동심을 자극하며 이내 입안에 흥얼흥얼 노래가 된다. 달맞이꽃은 싹이 튼 이듬해에 자라 꽃 피고 열매 맺은 뒤에 말라 죽는 두해살이풀이다. 잎의 끝이 뾰족하고 가장자리에 얕은 톱니가 있다. 칠월에 황색 꽃이 핀다. 꽃은 저녁에 피었다가 아침에 진다. 어쩜 이름 그대로다. 팔월 중순부터 노란 꽃잎이 떨어지고 열매가 익는다. 달맞이 종자유의 효능은 기관지염, 골다공증, 혈압, 당뇨 등에 좋다고 알려져 있다. 달맞이꽃 열매는 삭과蒴果이다. 즉 익으면 열매 껍질이 말라 네 갈래로 쪼개지면서 씨가 튀어나와서 종자를 퍼뜨린다. 원추형 씨방이 여럿이며 털이 있다.

지난여름에 광야를 산책하다가 노랗게 핀 달맞이꽃을 보자, 아내가 말을 건넸다.

"달맞이꽃 열매 기름이 성인병에 최고래."

그때는 흘려들었는데 이렇게 장비를 준비해서 오늘은 꽃씨를 받으러 나온 것이다. 장비는 간단하다. 장 볼 때 쓰는 손수레에 부대 하나, 낫이 전부이다.

처서를 지난지라 잡초들은 거의 성장을 멈추고 시들한데, 달맞이 꽃대는 우뚝하니 솟아서 '나 여기 있소.' 하며 손짓을 하는 듯하다. 워낙 눈에 잘 들어온다. 키가 1m 남짓한데 튼실한 대에 원추형 열매가 주렁주렁 매달려 있다. 껍질이 터질까 봐서 조심스럽게 낫으로 줄기를 잘라내고 열매를 거둔다.

한여름 뙤약볕에 열매가 익을 대로 익었다. 낫질을 하는 사이에 씨알이 쏟아져 흘러내린다. 작은 열매 하나라도 허투루 버리지 않는다. 한 줌 꺾으면 자루에 차곡차곡 담고 눌러준다. 쉬엄쉬엄하다 보면 부대를 가득 채운다.

광야는 블루 오션blue ocean이다. 경쟁자가 없다. 따라서 눈치 볼 일이 없다. 광활한 지역에 작업하는 이는 나 혼자이다. 내가 농사짓지 않았는데 하나님이 잘 가꾸어 놓으셨다. 내 땅이 아니다. 그런데도 마치 내가 땅 주인 같다. 아니 하나님의 머슴 같다. 누가 시킨 일이 아니다. 내 필요에 의해서 발 벗고 나선 것이다. 우리네 사람이란 때에 따라서는 자기가 필요하다 싶으면 못할 게 없고 시간도 아까울 게 없나 보다.

이곳의 땅은 척박하다. 누가 거름을 주어 땅의 힘을 돋워 주지 않았다. 거기에서 자라나는 풀들을 통칭하여 잡초라 부른다. 혹자는 아이들을 잡초같이 강하게 키울 것을 조언한다. 잡풀 더미에서 자생하는 달맞이꽃도 진정 강한 식물이다. 그 열매가 약이 된다는 것은 그리 놀랍지 않다. 어쩌면 당연하지 않은가.

도로를 달리는 승용차 운전자가 서행을 하면서 무슨 일인가 궁

금해 여기며 지나친다. 행인들 가운데 혹자는 힐끗힐끗 쳐다보며 지나간다. 혹여 속으로 별일을 다 하고 다닌다고, 더러는 희한한 사람도 다 봤다고 할지 모르겠다. 마침 젊은 여성분이 아이를 데리고 거닐다가 곁을 스치면서 물어온다.

"달맞이꽃 열매 맞지요? 관절에 좋다고 하던데요."

"예, 저도 그렇게 알고 있습니다."

그냥 인기척 낼 겸 아는 지식을 확인하고 싶었나 보다.

달맞이꽃 꽃대 위에 고추잠자리가 앉아서 쉬고 있다. 내가 다가가니 사뿐하게 자리를 뜬다. 꽃대를 잘라내려니 멈칫하게 된다. 내가 잠자리 쉼터를 훼손하는 못된 일을 하는 것은 아닌지 잠시 돌아본다. 그건 내 마음이고 잠자리는 아랑곳없이 다시 가장자리를 잘라낸 꽃대 위에 상큼하게 내려앉는다. 꽃대를 완전히 잘라낸 것은 아니니까 잠자리한테 미안한 마음을 가지지 않아도 될 듯하다.

한참 몰입하여 꽃씨를 거두는데 풀숲에서 '후다닥~' 고라니 한 마리가 튀어나와 쏜살같이 달아난다. 이놈이 사람 곁에 살기를 시도하나 보다. 들판에 온갖 먹을거리가 많으니까 이곳에 서식지를 삼아 눌러앉았을 수도 있겠다. 둥지 가까이 다가가서 살펴보려다가 그만두었다. 내 발자취가 서식지 주변의 잡풀을 훼손시키면 고라니에게 폐를 줄 수 있기 때문이다.

큰 도로를 건너 한 블록을 옮겨가니, 어떤 이가 놀이터 의자에 앉아 색소폰을 분다. 여러 곡조를 불어댄다. 「고향의 봄」, 「Auld Lang Syne」 등 친숙한 멜로디가 마음을 뭉클하게 한다. 아마 색소폰에 입문한 지 일천한 모양이다. 적적한 광야에서 곡조를 듣는 것이 행복하다. 그분에게 마음속으로 감사를 전한다.

씨알을 얻기 위해서는 일일이 수작업으로 공을 들여야 한다. 그건 아내의 몫이다. 나무 방망이로 자근자근 두드려서 씨방을 부수면 곰실곰실한 씨알이 쏟아져 나오리라. 씨방마다 속이 꽉 찼을 것이다. 티끌 모아 태산이란 속언처럼 며칠을 두고 짬짬이 서너 부대의 꽃대를 거두어야만 씨알을 석 되 이상 모을 것이다. 석 되쯤 되어야 비로소 기름을 한 번 짤 수 있단다.

우리 아파트 단지와 이웃한 아파트 단지, 둘을 합하면 이천 세대가 넘는다. 가정마다 사람마다 관심을 기울이는 분야가 다르고 열중하는 영역이 같지 않으리라. 달맞이 꽃씨를 거두러 나다니는 사람은 오직 나 혼자였다. 입주민들 가운데 달맞이 종자유에 대해 아는 이도 여럿 있을 것이다. 별로 관심이 없거나 대수롭지 않게 치부하나 보다.

나처럼 은퇴자들에게 미래의 일감으로서 블루 오션은 얼마든지 남아있지 않을까 상상된다. 가까운 사람하고 또는 낯선 이웃하고 견주어 시샘하지 않으며 새로운 일감을 개척하여 쭉쭉 펼쳐 나가면 얼마나 좋으랴.

지금은 내 몸의 치료 및 면역력 강화를 위해 달맞이꽃 열매를 거두지만 남을 살리는 일을 찾아 남과 연대하여 한층 새로운 분야의 일을 할 수 있으면 좋겠다. 생명의 날 동안 항상 즐겁게 일하며 보람을 일궈 내라는 하늘의 메시지를 광야에서 달맞이꽃 종자를 따면서 새겨듣는다.

뜻밖의 동반자

아내가 자전거 페달을 밟으며 제법 속력을 낸다. 뒤따르는 나도 가속加速한다. 불과 2m 남짓 뒤처진 채 말없이 달린다. 그 까닭은 무슨 말이라도 걸면 아내의 집중력이 흐트러져 넘어질까 봐 염려되기 때문이다.

사실 아내나 나나 함께 자전거를 타고 즐길 줄이야 정말 몰랐다. 아내는 중학교 2학년 때 자전거 타기를 배우다가 넘어져 놀라는 바람에 자전거를 멀리했단다. 내가 학교장 시절, 야간에 운동장에서 자전거를 타며 체력 단련도 하고 순찰을 겸한 적이 있다. 그때 아내에게 자전거 타기를 권하며 교습을 자청했으나 곧이듣지 않았다. 자전거를 아예 흉한 벌레 보듯 했었다.

그러던 아내가 친구들의 권유로 구미시청에서 운영하는 자전거 교실에 수강 신청을 하고 4주간의 교육을 수료하더니, 연이어

중급과정에도 지원하여 또 4주간 훈련을 마치고 수료증을 받았다. 이후로 뜻밖의 동반자, 자전거와 많은 시간을 함께한다.

낙동강 둔치에는 시청에서 체육공원을 조성하여 시민들의 위락 공간으로 활용한다. 축구장, 파크 골프장, 대형 운동장 등 다양한 시설이 있으며, 자전거 대여소도 있다. 월요일만 휴무하고 평일과 주말에는 오전 10시부터 오후 4시 30분까지 운영하는데, 자전거 라이딩riding 인파가 의외로 많다.

이곳 체육공원에 마련해 놓은 라이딩 거리는 약 8km쯤 된다. 강변을 한 바퀴 크게 돌아오는 코스다. 자전거 길 옆에는 갈대숲이 한없이 펼쳐 있다. 마른 갈대는 추하지 않고 품위가 있어 보인다. 미풍에도 온몸을 내맡기고 나부낀다. 온유함이 강함이라는 것을 여기에서도 깨친다. 머리 위에 차가운 공기를 가르며 철새들이 무리 지어 난다. 오늘처럼 따뜻하고 바람이 적은 날이 자전거 타기에 안성맞춤이다. 대자연은 큰 교실이다. 청정한 공기를 마시며 몸속의 탁한 기운을 내뱉으며 자연이 베푸는 지혜를 얻는다.

아내와 내가 함께하는 운동은 산책길 걷기, 배드민턴, 산행, 탁구 등인데 이제 라이딩이 추가되었다. 자전거 타기의 이로운 점에 관심이 쏠린다. 우선 체력 단련 측면에서 허벅지 근육의 강화를 제일로 꼽는다. 허벅지는 영양소를 저장하는 탱크이다. '제2의 간'이라고 불린다. 물론 종아리 근육도 좋아진다. 사람은 서서 다니므로, 때로는 줄곧 오래 서 있어야 하므로 다리근육이 매우 중요한 역할을 한다.

그다음으로는 심리적인 면을 따져본다. 자전거를 타는 데 가장 중요한 요소는 균형이다. 균형을 잡고 페달을 밟아 돌릴 수 있다면, 일단 자전거를 탈 줄 아는 수준에 이른 것이다. 또한 페달을 돌리는 단순한 행위는 우리에게 몰입의 느낌과 자유로움을 가져다준다. 자전거는 운동도 하면서 마음 수련을 할 수 있는 생활 도구이다. 천재 과학자 아인슈타인은 자전거를 즐겨 탔으며, 자전거 위에서 창의적인 이론과 사상들을 발전시킬 수 있는 영감을 떠올렸다고 전해 온다. 한편 영국의 탐정소설가, 아서 코넌 도일 Arthur Conan Doyle은 "기운이 떨어질 때, 날이 어두워질 때, 하는 일이 지루하게 느껴질 때, 희망을 가져봤자 소용없다고 생각될 때, 자전거에 올라 길을 따라 훌쩍 떠나보라. 자전거 타는 데에만 집중하고 머리를 비우는 것이다."라고 자전거 타기를 예찬하는 명언을 남겼다.

집은 누구에게나 익숙한 주거 공간이다. 익숙하다는 것은 때로는 무력함을 동반한다. 일상을 탈출하는 것이 신선한 충격이고 생활의 활력소가 된다. 일주일에 한두 번 라이딩을 할 것이다. 부부지간의 금실도 한층 좋아지리라. 약간의 간식을 준비해서 마실 물과 같이 가지고 간다면, 덩달아 마음의 근육도 나아질 것이다.

취미 생활 '자전거 라이딩' 하나를 늘리는 데 필수 장비가 여럿이다. 팔목 및 무릎 보호대와 모자, 장갑, 배낭 등 소품을 산다. 아내의 친구들 중에는 이미 100~200만 원대를 호가呼價하는 자전거를 산 사람도 있다. 아내의 마음은 하루에도 몇십 번을 곤두박질한다. 아내의 충동구매 심리에 휘둘리어 나도 살까 말까 즐겁게 고민한다. 하여튼 일흔을 바라보는 시점에서 새 일을 시작한 아내가 대단하다는 생각이 든다.

아내가 자전거를 타고 앞서가며, 나는 뒤를 따른다. 타는 자세가 안정적이고 위태롭지 않아서 다행이다. 행여 넘어질까 봐 조바심이 나다가도 일단 믿어보자는 마음이 생겨서 신뢰하기로 한다. 그런데 중간에 장애물이 있어 지레 겁을 먹고 자전거를 세우는 과정에서 그만 넘어지고 만다. 내가 거들지 않아도 스스로 일어나고 무엇이 문제인지를 짚어낸다. 하나님의 마음도 이런 것일까? 질그릇같이 연약한 우리 한 사람, 한 사람을 곁에서 지켜보시다가 넘어질 때 일으켜 세우시는 하나님의 심정을 알 듯하다.

앞서가는 아내가 근사한 폼으로 페달을 밟는다. 뒤따르는 나도 지근거리를 유지하며 나아간다. 한참을 가다 보니 흡사 영화의 한 장면 같다는 생각이 든다. 나의 모습을 시범으로 보여 줄 요량으로 내가 다시 치고 나간다. 잠시 뒤에 아내의 말소리가 들린다.

"당신은 발꿈치로 페달 밟네. 강사님은 용천으로 밟으라 하던데."

듣고 보니 그게 맞다. 시범은커녕 잘난 체하다가 내가 오히려 한 수 지도 받는다.

자전거 타기는 철인 3종 경기에서도 포인트이다. ‘수영하고, 자전거 타고, 달리고’를 휴식 없이 226.195km 완주하여 17시간 안에 골인해야 한다. 엄청난 힘을 쏟아 무려 180km를 라이딩 한다는 것이 참 매력적이다. 승용차를 타고 가면서 보는 풍경은 창밖의 모습일 뿐이다. 그런데 자전거를 타고 가면서 보고 느끼는 것은 섬세한 것까지 다 즐길 수 있다. 코로나19 감염병이 소멸되고 내년 봄에 좋은 시절이 찾아오면, 더 멀리 자전거 라이딩을 즐길 것이다. 어쩌면 우리 부부도 친구네처럼 새 자전거를 구입해서 애마를 길들일지도 모른다. 나중의 일이 더욱 기대된다.

쑥 이야기

청명 절기를 지내고 제철 식물인 쑥을 채취하러 나섰다. 고향 마을 뒤편에는 배나무들이 즐비하게 들어선 과수원이 있는데, 하얀 배꽃이 흐드러지게 피어 마치 은하수가 내려앉은 것 같았다. 그 과수원 둑을 감돌아 오르면 경작을 멈추고 묵힌 우리 밭이 있다. 그곳에 쑥이 지천이다. 그야말로 쑥밭이다. 부모님께서 구순을 훌쩍 지나 일손을 놓았으니 자손들이 이어받아 밭을 기경起耕해야 하지만, 객지에 나가 사는 자식들 중에 마음을 바쳐 일할 이가 없다. 주인이 돌보지 않은 밭에는 쑥이 점령군처럼 기세등등하게 저네들 세상을 차린 것이다. 나는 원하는 만큼 쑥을 손쉽게 뜯을 수 있었다. 쑥은 내가 농사하지 않아도 거둘 수 있는 고마운 먹거리이다. 쑥은 엄동설한을 뿌리의 생명력으로 견디어 내고 춘분을 지내면 시절을 감지하고 연한 순을 내민다. 쑥은 겨우내 밭

고랑을 뒤덮고 있던 검불더미를 뚫고 나온다. 쑥이 군락을 지어 돋아나는 곳에는 잡초들이 얼씬도 못한다. 향긋한 향이 일품인 쑥은 봄의 전령사이며 우리와 친숙하다. 봄기운을 받아 야들야들한 싹이 대차게 '쑥' 밀고 올라오는 기세가 참으로 경이롭다.

갓 나온 쑥을 채취할 때는 뿌리를 다치지 않게 잎과 줄기를 뜯는다. 좀 더 쑥이 자라면 그때는 가위나 낫 등으로 벤다. 혹시 약용으로 뿌리째 채취하려면 호미로 캐야만 실속이 있다. 하지만 가급적 뿌리를 남겨두어야 이듬해도 수확을 할 수 있기에 발본색원을 금하는 게 상책이라 하겠다. 실은 오늘 쑥을 뜯은 밭은 새마을운동이 한창이던 1960년대에 부모님께서 개간한 농경지다. 가난을 벗어나려는 일념으로 농산어촌에 한 평이라도 더 땅을 개간하라는 정부의 지시가 떨어진 것이다. 당시 중학생이던 나는 부모님 곁에서 삼태기에 돌을 담아서 구렁으로 날랐다. 식구들의 땀방울로 일구어 식량을 조달해 온 토지라서 버릴 수가 없다. 두 해 전까지는 이곳에 참깨 농사를 지었다. 부모님의 연세가 구순을 넘기자마자 일손을 놓으신 것이다. 묵혀둔 밭에 아카시아나무가 침범하여 황폐화되어 가는 것을 장남인 내가 나서서 밭 모습을 되찾아 놓았다. 향후에는 유실수를 심어서 지력을 높이고 열매라도 얻어먹을 요량이다.

아버지는 텔레비전의 운동경기를 시청하시고 나는 어머니 곁에 앉아서 쑥 이야기를 듣는다. 쑥을 다듬다 말고 어머니가 추억을 불러낸다.

"예전에는 모두들 못 먹어서 얼굴이 부석부석했는데 쑥을 먹으면 부황浮黃이 안 났다."라며 말문을 여신다.

부황병은 아시다시피 오래 굶주려서 살가죽이 들떠서 붓고 누렇게 되는 증세이다. '보릿고개가 제일 높은 고개'라는 수수께끼가 그냥 생긴 것이 아닐 테다. 어머니는 쑥이 그 시절에 많이 의지가 되었다고 회상을 더듬는다. 걸핏하면 쑥죽을 끓여 먹었단다. 쌀이 귀하고 식구들은 많으니 배부르게 먹이려면 도리 없이 죽을 쑤어야 했다. 쑥을 듬뿍 넣고 쌀은 적은 양을 넣어서 함께 끓여 끼니를 때운 것이다. 맛을 조금은 고급스럽게 내기 위해 쑥죽을 끓일 때 생콩가루를 넣으면 쑥콩죽이 된다.

이보다 상질上質은 쑥밥이다. 쌀밥을 지을 때 솥 한쪽에 쑥을 넣어 함께 익힌 다음, 어른들은 쌀밥을 떠 드리고 다른 식구들은 밥과 쑥을 한데 훌훌 섞어 고루 퍼 먹었다. 쌀을 아껴 양식으로만 해야 하니 쑥떡은 언감생심이었다. 나라의 주권을 몽땅 빼앗긴 일제 치하에서도 쑥은 우리 땅 어디에서든지 쑥쑥 잘도 자라서 민초들의 허기를 채우고 명줄을 지켜 준 구황救荒 식물이 아니던가. 어머니의 이야기를 들으며 이전 시대의 슬픈 자화상이 영상처럼 떠올라 가슴이 먹먹했다.

동의보감에서 쑥을 의초醫草라고 지칭한 데는 그만한 약성藥性

을 인정한 것이라 생각된다. 쑥의 효능은 이제 일반적인 상식이 되었다. 몸속 독소와 노폐물을 없애주는 해독작용, 혈액 속 유해한 균의 증식을 막아주는 면역력 강화 기능, 베타카로틴과 칼륨 성분이 많아 혈액을 맑게 하는 효능이 있고, 치네올이라는 정유精油 성분이 들어 있어 위액 분비를 촉진하여 소화 기능을 개선하고, 또한 식이섬유 함유량이 많아 장腸 운동을 활발하게 일으켜 배변을 원활하게 도와준다.

이처럼 인체에 유익한 성분과 영양이 가득한 식물을 우리네 땅 어디서든지 원하는 만큼 얻을 수 있음이 하나님의 선물이요 우리의 행복이다. 쑥만 무성하여 곡식이나 다른 작물을 가꾸지 못하는 땅을 쑥대밭이라 일컬어 왔는데, 예컨대 '쑥대밭이 되다.'라는 뜻은 모든 것이 파괴되어 황량하게 변했다는 의미로 통용된다. 그 어원의 배경에 대해서는 많은 유감이 생긴다. 쑥의 효능과 인간에게 미치는 이익을 고려하지 않은 측면을 지울 수 없다. 나 혼자의 생각으로 이미 사회에 두루 쓰이는 관용구를 없앨 수는 없지만 이참에 하소연을 털어놓는다. 어머니의 이야기 속에 빠져드니 어린 시절의 기억이 새롭다. 한여름 밤에 마당에 멍석을 펴놓고 온 식구가 모여 저녁 식사를 나눈다. 그때는 걸핏하면 국수였다. 아예 저녁엔 국수가 지정 음식이었다. 모기들이 기승을 부려 모깃불을 피우는데, 그 재료는 대부분 냇가 둑에서 낫으로 잘라 온 쑥대였다. 쑥 향과 연기 기둥이 집안을 채우고 연막 소독을 하듯이 담을 넘어 동네로 퍼져 나갔다. 쑥대마저 요긴하게 쓰였던 그 시절이 그립다.

마침 점심때가 되어 아버지를 승용차로 모시고 이십 리 길 시내로 나왔다. 외곽지外廓地에 민물고기 매운탕을 잘하는 음식점을 찾았는데 어쩜 정기휴일이다. 전화 통화를 안 해 보고 영업할 것이라 너무나 당연시한 것이 잘못되었다. 아버지에게 죄송한 마음이 들었다. 차를 돌려 단골집으로 간다. 영양돌솥밥을 잘 짓는 식당이다. 마침 장날이어서 시내에는 온통 차량들이 혼잡하다.

아버지께서 "웬 차들이 이렇게 많나?"라고 하신다. 그 말씀에는 이 시대의 부유함에 대한 놀라움이 묻어 있음을 바로 느낄 수 있었다. 그래서 내가 맞장구를 쳐 드린다.

"아버지, 요즈음 어떤 집에는 식구 수대로 차 한 대씩 다 있어요. 오늘이 장날입니다. 코로나19 감염병으로 조심한다고 해도 볼일 있는 사람은 다 나왔나 봅니다."

아버지의 뇌리에 사무치는 것들이 무엇인지 모르지만, 고금을 대비하여 험악한 세월을 건너오신 고생스러움과 현실의 발전상에 대한 경탄이 공존할 것이라 짐작된다. 보통 집안에서 어느 자식이 매월 꼬박꼬박 생활비를 부모님께 드릴 수 있으랴. 정부에서 어르신들에게 매월 고정적으로 드리는 혜택이 엄청나다. 한국전쟁 참전 용사로서 국가유공자 대우를 받으시는 아버지는 때때로 정부에 대하여 고마움보다는 미안함이 많다고 말씀을 하신다.

아버지와의 식사를 마치고 집에 오니 그새 어머니는 쑥을 정갈하게 다듬어서 마치 선물인 양 종이가방에 담아 놓으셨다. 쑥국을 끓여 드시라며 내 손으로 부모님께 얼마를 덜어내고 승용차에 싣는다. 요즈음도 일흔 살을 넘긴 세대는 쑥으로 빚은 음식을 즐긴다. 쑥국, 쑥떡, 쑥전 등이다. 나와 아내도 쑥의 철이 돌아오면 아파트 인근에 있는 산과 들을 누비며 쑥을 채취한다. 쑥떡을 빚어 냉동해 두고 간식 또는 식사 대용으로 즐겨 먹는다. 부모님 세대의 가난을 당시의 불행이나 불운으로만 치부해서는 아니 될 듯하다. 지난 한때 먹을거리의 대명사였던 쑥을 돌아보며 가난의 속박을 버티고 이겨내신 우리 민족이 위대하게 생각되고 부모님을 더욱 우러러보게 된다.

일상은 연출이다

교회에서 새해 영시에 신년 예배를 드리고 와서 새벽 두 시쯤 잠자리에 들었다. 수많은 인파가 해맞이를 위해 관광 명소에서 북적거리며 환호하고 있을 시간에도 나는 깊은 잠에 빠져 있었다. 햇살이 아파트 뒷산자락에 내려앉을 즈음에 깨어나 식사를 하면서 나는 새해 첫날을 의미 있게 보내기 위해 온종일 아내와 함께하기로 은밀히 다짐했다. 나 자신과의 약속을 지키려고 며칠째 거른 테니스 동호인과의 해후도 접는다. 연속적인 만남과 일가운데서 보다 가치 있는 것을 택하면 으레 다른 한쪽을 포기하는 용단이 따르니 생색낼 것은 아니다.

새로 분양 받은 아파트로 이사한 지 한 달이 넘었지만 인근 야산을 두루 밟아보지는 못했다. 아내만 매일 정례적으로 등산을 해 왔다. 산행을 즐기는 사연이 단순한 취미가 아니라 몸 관리를 겸한 운동에 목적이 있어서였다. 이참에 오늘은 늦은 해맞이를 겸해 산행에 따라나서기로 착한 결정을 한 것이다.

"당신도 산에 갈 거야?"

"그럼, 새해 첫날인데 함께 해야지."

아내는 전문 산악인인 양 괜찮은 스틱까지 들고 나선다. 나는 평상복에 등산화만 갈아 신는다. 아파트 단지 내 배드민턴 경기장 옆 억새풀 군락지에 다다르자 사진발이 괜찮겠다 싶어 아내를 멈추게 한다.

"여보, 잠깐만."

고층 건물과 마른 억새풀을 무대 배경으로 아내는 출연자요, 나는 사진작가로서 첫 인증 샷을 완성했다. 원래 아파트 단지는 인위적인 공간이므로 자연의 요소를 옮겨와서 사람이 머무르고 싶은 터전으로 한껏 꾸민다. 그런데 바로 옆이 산이요, 소나무가 주종인데 단지 안에도 소나무를 많이 심어 놓았다. 소나무야말로 나무 중에 귀공자가 아닌가. 소나무 송松 자를 파자하면 나무목木에 귀공公 자를 붙였다. 나무 가운데서 공작公爵의 칭호를 선사받은 격이다. 소나무를 여러 그루 심은 뜻은 아파트의 품격을 높이기 위한 배려라고 좋게 봐줄 수도 있으리라.

산자락을 타기 시작한다. 처음엔 완만하더니 금세 가파른 구간이다. 상수리나무에 등을 기대어 이내 휴식을 한다. 차가운 골바람이 볼을 스친다. 와우, 얼마나 신선한 공기의 흐름인가. 머릿속까지 개운하다. 심호흡을 하니 오장육부에 생기가 전달된다. 사람들이 공기 좋은 곳에 살기를 원하는 까닭이 '바로 이것이로구나!' 싶다. 다시 걸음을 뗀다. 등산화 차림이지만 여간 조심스럽지가 않다. 화강암이 풍화되며 생긴 굵은 모래흙이 깔린 탓에 자칫하면 미끄러지기 십상이다. 운동 효과를 서서히 체감한다. 온몸이 더워지며 허벅지가 뻐근해 온다.

산등성이를 가로질러 비스듬하게 누가 지름길을 개척해 놓았다. 산봉우리까지 올랐다가 남쪽으로 다시 내려와야 하는데 한결 쉬워졌다. 마른 낙엽이 발자국에 부서지며 바스락 바스락 소리를 낸다. 자연과 하나로 어우러지는 순간이다. 산이 나를 받아준다. 한눈팔면 낭떠러지로 곤두박질치고 말 것 같다. 가파른 구간을 아내는 스틱 두 개로 몸을 지탱하며 능숙하게 통과한다.

산꼭대기 능선에 다다랐다. 무수한 인파가 밟고 밟아 잘 다져진 등산로가 실타래처럼 깔려 있다. 해발 150여 미터의 야산인데 골이 꽤 깊다. 소나무 숲이 바다처럼 펼쳐진다. 아내는 연신 찬사를 쏟아낸다. 새해 선물치고는 이만한 게 없을 듯하다. 거실의 텔레비전 속에서 얻는 정보와 재미보다는 살아있는 야생의 기운을 받는 쪽을 잘 택했다고 생각된다. 우리가 부부로 살면서 같은 마음, 같은 뜻으로 한 덩어리 되기는 자주 있는 일이 아닐 터인데, 이 순간만은 정말 아내와 한 몸이 된 기분이다. 새해 소망이 명료해진다. 올해엔 생활에 활력을 불어넣는 일상의 연출을 더 많이 기획하고 실천하리라 다짐한다.

태양이 중천이다. 등줄기에 땀이 맺힌다. 등산로가 흡사 산의 가르마 같다. 길옆에 여러 개 바위가 신비한 모습으로 서 있어 거기에서 휴식하기로 한다. 포토 존이다. 여러 차례 포즈를 바꿔가며 찍었다. 옷 색깔이 바위 색하고 비슷해서 조화가 잘되지 않아 마음에 들지 않는다. 목표지가 있으니 더욱 힘을 낸다. 체육공원이 나타난다. 우리는 마주치는 산행객하고 인사를 나눈다. 모두 부지런하시다. 우리는 초행길이어서 낯설기만 한데 익숙한 자세로 늠름하게 행군하듯 지나친다. 이정표를 확인하니 칠백 미터를 더 가야 한다. 눈을 들어 멀리 살펴보니 낙동강 줄기가 완연하고 경부고속도로가 들어온다. 대형 트럭 바퀴의 마찰음은 여기까지 울린다.

드디어 구미정龜尾亭이다. 정자 지붕부터 보여준다. 숨을 몰아쉬며 마지막 계단을 오른다. 팔각정이 뚜렷하다. 새 천년의 새 역사가 열리는 세기의 문턱(2000년)에서 선인들의 넋이 살아 숨 쉬는 이 터전에 미래를 내다보는 구미 시민의 표상으로서 이 정자를 세웠다. 안내판에는 지역 출신의 야은 길재와 사육신 단계 하위지를 비롯하여 구국운동에 이바지한 왕산 허 위 선생 등의 충절 정신을 이어받아 지산 벌 너른 품에 세계 속의 낙토樂土를 이룩하리라는 결연決然한 사연이 새겨져 있다.

내가 가장 먼저 해야 할 일을 안다. 바로 인증 샷이다. 오늘의 주인공인 아내를 모델로 하여 여러 컷을 찍었다. 제자리에서 즉시 확인한다. 아내가 마음에 들어 한다. 이번엔 내 차례다. 옷 색깔이 칙칙하여 아니나 다를까 실패다. 순간 재치를 내어 아내의 윗옷을 바꿔 입었다. 역시 산행에는 원색의 옷차림이 어울린다. 그런데 다리 모양이 구부정하게 처리되어 또 실패다. 다시 도전한다. 두 다리에 힘을 넣어 꼿꼿이 세우고 스틱은 왼손에 모아 쥐고 오른손으로 '파이팅!'을 하며 찍었더니 성공이다.

목표를 달성한 성취감에 도취되어 기분이 날 듯하다. 카카오톡 단체 방에 사진을 올리면서 '새해엔 더욱 강건하고 행복하시기 바랍니다.'라고 새해 인사를 날린다. 이내 답신이다. '까꿍' 소리가 경쾌하다. 사진이 젊어 보이게 잘 나왔다며, '젊음을 유지하는 비결을 알려 달라.'고 덕담을 보내왔다. 고맙고 감사하다.

팔각정에 올라 사방팔방으로 조망하며 산의 소리에 귀 기울이고 침잠해 본다. 유장悠長한 세월에 삶의 악센트는 각자의 몫일 것이다. 아내는 늘 곁에 있어도 그립기는 마찬가지다. 어디 우리뿐이랴. 어느 한때를 같은 직장에서 보냈고, 같은 학교에서 수업했으며, 지인의 소개로 엮이어 친구 사이로 지내는 등 별의별 모습으로 만난 인연은 모두 얼마나 소중한가.

올 한 해에는 큰 틀에서 넓은 마음으로 살아가고 싶다. 일상은 되는 대로 살아가는 것이 아니요, 산행의 목표지가 있듯이 분명한 방향을 정해 의미 있는 삶으로 연출해야 된다는 깨달음이 생긴다. 아내가 좋아하는 산행에 동행하였듯이 나 혼자서 좋아하던 일을 잠시 멈추고 가족과 이웃을 돌아보며 함께하는 즐거움을 자주 연출해 보련다.

발바리의 애틋한 정

지난해 동짓달 어느 날 밤, 아버지께로부터 전화가 걸려 왔다. 집에 할 일이 생겼으니 내일 아침에 곧장 올라오라는 전갈이다. 아버지의 성량과 음색으로 짐작하건대 심각한 일은 아닌 것 같아 일단 안심했다. 이튿날 고향 집에 가 본즉, 마당에서 기르던 성견 두 마리 중에 한 놈이 죽었다. 며칠 전부터 먹이를 먹는 게 시원치 않고 병색이 짙어 따뜻한 보일러실에 자리를 깔고 옮겨 두었는데, 자고 나니 그 아침에 개가 죽어 있었단다. 열두 해쯤 길렀는데 그렇게 곱게 자연사自然死한 것이다. 아버지는 기른 정이 있으니까 그 허탈감이 오죽했으랴.

아버지는 죽은 개를 부대에 담아 인근 뒷산으로 갔단다. 땅을 파고 묻으려고 삽질을 했는데, 엄동설한에 얼어붙은 땅은 삽을 받아주지 않았다. 할 수 없이 개를 담은 부대를 마른 풀로 덮어두었다. 그렇게 임시 조치를 해 놓고서 장남을 부른 것이다. 전날 밤에 아버지는 죽은 개로 인하여 잠을 이룰 수 없었단다. 민폐를 끼칠까 봐 걱정하셨나 보다. 코로나19 감염병 때문에 모두들 긴장 상태이니까 연관성은 없지만, 아무래도 이웃들 모르게 치워야 한다는 강박관념이 심신을 짓누른 듯하다.

나는 승용차에 아버지를 모시고 함께 현장으로 갔다. 죽은 개가 담긴 부대를 차에 싣고 동네를 한참 벗어나 산기슭에 있는 우리 밭으로 갔다. 구렁 쪽 밭둑에는 대숲이 무성하다. 한겨울이라 대숲 속에 부대를 밀어 넣고 마른 댓잎으로 덮었다. 해동解凍하고 새봄이 오면 땅을 파서 안장하려 한다. 하지만 정을 쏟은 동물을 잃었으니 아버지의 상심은 한동안 이어질 것이다.

시골집에 강아지를 기른 것은 무척 오래전부터이다. 부모님 두 분이 거처하시니까 적적함을 달래고 어디 한 곳에 정을 쏟을 대상이 필요했다. 애초에는 발바리 한 마리를 길렀다. 십여 년 전, 구미공단 회사에 다니는 아들이 사내社內에서 기르던 개가 새끼를 낳자 강아지 한 마리를 분양 받았다. 그 또한 발바리 계통이다. 자기 방에서 기르려고 하는 것을 내가 반대하여 현관에서 당분간 길렀다. 그것도 여의치 않아 결국 시골집에 갖다주었다. 그래서 부모님은 개 두 마리를 기르게 된 것이다.

그런데 어찌 된 일인가. 강아지 새 식구를 반기는 것은 부모님보다 기존의 성견이었다. 개는 개끼리 소통이 되나 보다. 강아지

두 마리의 먹이 챙겨주는 일에 더 바빠지고 활동량이 많아지니 부모님의 건강도 증진되는 듯했다. 더더욱 기이한 현상은 먼저 있던 개는 사료를 잘 먹지 않아 걱정거리였는데 이제는 경쟁하듯이 무얼 줘도 잘 먹는다는 것이었다. 그 모습이 보기 좋아서 부모님도 신이 났었다.

성견 두 마리는 부모님께는 한식구와 진배없었다. 두 마리 다 잘 짖는다. 시골에 뜨내기 장사꾼들이 와서 마이크로 외쳐 대면, 덩달아 두 마리 개들이 큰 소리로 따라 울부짖는다. 한편 내가 길렀던 개는 고향 집에 내가 나타나면 반가워서 꼬리를 치며 유독 어쩔 줄을 모르고 뱅글뱅글 돈다. 동물이지만 기른 정을 알고 사람을 알아보는 것이 신기하다. 부모님은 연세도 잊어버리고 강아지 두 마리를 건사하는 일에 매진하다 보니 삶의 동기도 자연스럽게 상승되나 보다. 동물과 더불어 사는 것이 재미있고 보람을 느끼게 되어 감기를 비롯한 질병을 물리치는 효능도 있음이 분명해 보였다.

만약 우리 동네에 낯선 사람이 나타나면 우리 집 개들은 경계태세에 돌입한다. 우렁차게 짖어댄다. 언젠가는 십여 가구가 사는 우리 동네에 밤손님이 들었다. 자정을 넘은 깊은 밤이었다. 뒷집에 들이닥친 밤손님이 우리 집 뒤뜰로 훌쩍 뛰어넘어 왔다. 우리 개들이 요란하게 짖어댔다. 개 짖는 소리에 주무시던 아버지도 일어나 전깃불을 환하게 밝히자 도둑은 놀라서 줄행랑을 쳤다. 뒷집 할머니는 홀로 거처하시는데 앞집 개들로 인해 무탈했다며 그 뒤론 남은 음식을 우리 집 개한테 자주 갖다주었다는 일화도 있다.

정든 성견 한 마리를 가매장한 지 보름쯤 지나 고향 집에 갔다. 그동안 생각지도 못한 놀라운 이야기를 들었다. 아버지 말씀에 따르면, 남은 개가 사료를 먹지 않는다는 것이다. 제 친구가 죽은 날부터 줄곧 굶다시피 했다는 것이다. 아버지는 개를 살리려고 온갖 방안을 강구했다. 밥을 국에 말아서 먹이기도 해 보고, 초코파이 과자를 떼어서 먹이기도 했다. 이제야 개가 생기를 회복하고 기운을 내기 시작했단다. 오늘도 저녁 식사 때 아버지는 당신의 밥그릇에서 한두 술을 남기시더니 국에 말아서 개한테 먹인다. 내가 봐도 이제 개가 원기를 조금 찾은 듯하다. 잘 짖고 똥도 누는 것을 보니, 이젠 제 친구 잃은 슬픔을 추스른 것 같다.

예전부터 개를 두고 몹시 폄하하는 속담이나 관용구가 흔하게 나도는 것은 사람들의 편견일 것이다. '개만도 못한 사람'이란 말이 괜히 생긴 것이 아닐 것이다. 화재가 났을 때 개가 주인을 깨워 위기에서 구한 일, 뛰어난 후각으로 마약을 탐지하는 개 등등 사람이 못할 일을 개를 통해 성취한 사례는 많다. 요즈음 우리 사회에 아동 학대 신고가 넘쳐난다. 필요할 때는 입양해서 친자식처럼 양육하겠다고 공언해 놓고서 어떤 목적을 달성한 뒤에는 학대를 일삼다가 급기야 죽음으로 몰아간 파렴치한 사람도 있어 국민들의 공분公憤을 샀었다.

새봄에 고향집을 재건축하여 자리를 잡게 되면 아무래도 강아지 한 마리를 분양 받아서 새 식구를 들여놓아야 하겠다. 다시 개 두 마리가 정을 내고 힘차게 경쟁하듯 살아가라고 말이다. '개똥밭에 굴러도 이승이 좋다.'라고 한 속담의 원뜻은 '아무리 천하고 고생스럽게 살더라도 죽는 것보다는 사는 것이 나음'을 비유적으로 이른 말이지만, 사는 형편의 좋고 나쁨을 떠나 개와 사람의 친근성을 기리자는 담론으로 받아들이면 어떨는지? 정말 개는 사람과 오랜 역사를 함께해 온 동물이 아닌가? 이번 고향 집 성견의 감동 깊은 사례를 보며 나는 혈육의 정과 이웃 간의 우정을 돈독하게 챙기는 계기로 삼아야 하겠다.

그래, 작전 타임이야

이제 막 동틀 무렵인데 전화벨이 울린다.

'꼭두새벽에 날 찾는 이가 누굴까?' 반가움보다 조마조마한 마음으로 스마트폰을 확인한다. 고향 집의 아버지이시다.

"아침밥 먹고 열시 이전에 올라오너라. 갈 곳이 있다."

라고 말씀하시곤 곧장 전화기를 내려놓으신다. 다행스러운 것은 전화상의 성량으로 보나 음색의 무늬를 짚어보니 그리 다급한 일은 아닌 듯하다.

참으로 세상에는 별일도 다 있다. 하루 동안에도 이곳저곳에서 오만 가지 일들이 실타래처럼 엉키고 풀리기를 거듭하리라. 엊그제 아침 아버지께서 여느 날과 마찬가지로 식사 후에 틀니를 소제하던 중 옷소매에 걸리는 바람에 바닥에 떨어뜨렸는데, 공교롭게도 배수구 구멍에 쏙 들어갔단다. 눈 깜짝할 새에 흔적도 없이 사라지고 말았으니 그 순간 얼마나 당황스러웠으랴! 부랴부랴 망치로 바닥의 시멘트를 깨어 봤단다. 허나 어림도 없는 일이 아니랴. 옆집 조카를 불러와서 현장을 보여주었으나 이미 정화조로 흘러들었을 틀니를 건질 방도는 없었다.

나는 우선 아버지를 안심시켜 드렸다.

"안 그래도 이미 미세하게 망가져 걱정했는데 새 틀니를 하라는 신호이지요."라고 위로의 말씀을 드리고 아버지를 치과 병원으로 모셨다.

첫날은 틀니 본을 떴다. 간호사의 설명에 따르면 다섯 차례 내원해야 하고 새 제품을 찾기까지는 한 달쯤 걸린다. 그나저나 그동안엔 음식을 씹어 드실 수는 없으니 죽으로만 먹을거리를 해결해야 한다. 전복죽, 팥죽, 호박죽 등이 우선순위에 든다. 그중에도 아버지는 건더기가 없는 호박죽을 선호하신다. 거기에다가 숭늉, 두유 등을 따뜻하게 데워 드리는 것으로 식단을 짰다.

삼일 뒤에 내원해서 틀니 본을 다시 떴다. 아버지께서 많이 고통스러웠나 보다. 어르신이 짜증과 불평을 내뱉었다고 간호사가 전갈한다. 얼마나 민망했을까! 아버지로서는 단번에 못하고 재차 시술하는 것으로 오해하시고 역정을 내신 것이다.

이래저래 맏아들 노릇을 제대로 해야 할 처지에 놓였다. 동생들이 넷이나 있지만 아직 현직이어서 부모님 곁을 지킬 수 없을뿐

더러 내왕하기도 쉽지 않다. 가족 카톡방에 아버지의 근황을 수시로 올린다. 아마도 마음속으로 기도하며 함께할 것이다. 일찌감치 내가 정년퇴직을 하고 시간적인 여유가 있음이 다행스럽다.

초긴장 상태에서 시곗바늘이 돌아가고 근 열흘 지내고 나니 아버지의 용안이 해쓱해지셨다. 아버지는 정신력으로 바닥난 체력을 이겨내고 있다. 호박죽 한 끼 양을 두 번 나눠 드시며 점심을 두유 한 잔으로 때운다. 그리하면서도 평소와 다름없이 집안일을 다 챙기고 때로는 내게 지시한다. 이때가 집안의 위기라는 생각이 들어 온통 아버지 보살피는 일에 집중한다. 새벽마다 기도하며 공책에 간구할 내용을 적는다. 하나님께 간청하는 내용들이 적힌 공책을 펼쳐놓고 하나님만 의지한다. '하나님께서 긍휼히 여기시어 아버지의 새 틀니가 잇몸에 딱 맞게 만들어져 잘 적응되게 해 주십시오.'라는 것이 골자이다.

태산같이 요지부동으로 믿고 나가는데 마음이 또 흔들린다. 혼자 감내하기가 벅차다. 오남매 가족 카톡방에다 아버지의 근황을 올리면서 시간을 내어 부모님을 위로해 드리고 힘을 보태 달라는 사인을 보냈으나 깜깜무소식이다. 눈치를 채겠지만 현실의 여건이 따라주지 않나 보다.

언뜻 곁눈질하니 소파에 앉았다가 일어서는 동작마저 아버지는 힘겨워하신다. 들릴 듯 말 듯한 소리로 절망 섞인 말씀을 툭툭 뱉는다. 당신 스스로 많이 힘드신 모양이다. 새벽마다 적은 기도 일기장을 보여드렸다. 한두 대목을 읽어 드렸다. 내가 이렇게 한 것은 생색을 냄이 아니라 소망 가운데 힘주시고 모든 병을 고쳐 주시는 하나님을 의지하고 신뢰하도록 용기를 드리고자 함이다. 아버지께서 "아멘!" 하시며 화답을 하신다. 그렇지! 약 중에 '아멘' 약이 최고이겠지! 나도 새 기운이 솟는다.

"너는 내게 부르짖으라. 내가 네게 응답하겠고 네가 알지 못하는 크고 은밀한 일을 네게 보이리라."(예레미야 33장 3절)라는 말씀을 묵상한다.

드디어 오늘이 틀니 완제품을 찾는 날이다. 진료를 시작한 지 스무날 되었다. 예상한 것보다 일주일 정도 앞당겨져서 너무 고맙다. 성급한 나머지 우리는 오전 8시에 집을 나섰다. 이미 대기실에는 선착 손님 서너 명이 있다. 근 한 시간을 기다렸더니 아버지 차례이다. 오늘은 병원장님이 직접 진료를 해 주신다. 간호사가 보호자는 들어오지 말라고 한다. 시간이 오래 걸리니까 필요하면 연락을 주겠단다. 전문의들이 진료를 하지만 원장님이 손수 세밀하게 보살펴주신다니 더욱 안심이 된다. 그래서 대기실에서 나는 두 눈을 감고 기도한다. 지금까지 도우신 것을 감사하고 앞으로 환난이나 근심 없이 평안하기를 소망하며 권세 있고 능력 많으신 하나님의 손길에 맡긴다.

마침내 모든 진료가 아름답게 마무리됐다. 간호사가 일러주는 틀니 관리와 보관 요령을 경청한다. 꿈만 같은 현실이다. 분명하게 현실인데도 꿈꾸고 있는 듯하다. 한 보름 정도 적응 기간을 무탈하게 보내면 본니[本-]처럼 쓸 수 있다고 한다.

아버지께서 오랜만에 쌀밥을 드신다. 매우 조심조심 씹는다. 당신의 실수로 크게 놀란 경험이 있으니 새 틀니를 생명의 분신으로 여길 것이다.

그렇다고 해서 당장 나의 생활 터전으로 아주 복귀하지는 못할 처지이다. 부모님 두 분이 구순九旬 중턱을 훌쩍 넘으셨고, 어머니께서 매 끼니마다 요리를 하는 것은 벅찬 일임에 틀림없다. 맏이인 우리 내외가 도시 생활을 정리하고 귀촌하기는 아직 형편이 여의치 않다. 아내와 협의한 안案대로 나 혼자 주초에 올라와서 주말에 내려가는 주말부부로 별거 기간을 섞어가며 부모님 곁을 지켜야 한다. 한 주간 부모님이 드실 음식을 완벽한 요리로 만들어 와서 데워 먹도록 준비하고 생필품은 시골 마트에서 구매하여 쓰기로 했다.

'그래, 작전 타임이야.' 내 모든 계획은 부모님을 중심으로 재설계된다. 마치 태양을 중심으로 온갖 행성行星들이 제 궤도를 돌듯 말이다. 공직자로 정년퇴임 이래 근 일곱 해 동안 새 일감을 찾아 분주히 헤매었다. 코로나19 전염병 탓으로 칩거하며 지내던 중에 이쯤 해서 내 삶에 작전 타임을 건다.

연세 높으신 부모님의 곁을 지키며 거동에 따른 불편을 덜어드리고 하루의 시간이 지루하지 않게 말벗이 되어 드린다. 그런 중에도 나는 틈틈이 독서하고 수필을 창작하고 성경 말씀과 좋은 시를 암송, 묵상하며 인생의 성숙을 배운다. 아내는 아내대로 떨어져 있는 동안 좋은 친구들과 어울리고 플루트 악기 공부에 매달리며 자기 가꾸기에 전념한다. 시부모가 드실 반찬 준비에 심혈을 기울이며 정성껏 봉양하는 아내의 마음과 손길에 주님의 축복이 넘치기를 기도한다.

3
구원의 종소리

미래와 희망의 빛이 온몸을 감싸주었다.
어둠은 빛을 잉태하고 있었음을
내 삶으로 확인한 셈이다.

기독교인으로 산다는 것

소크라테스는 "너 자신을 알라Know yourself."라고 갈파했다. 이 선언의 원뜻은 '너 자신이 아무것도 모르고 있음을 알라.'라는 의미라고 한다. 그렇지만 어떤 이는 '사명감을 정확히 찾으라.'는 뜻으로 받아들이고 혹자는 '새로움을 추구하는 존재가 되라.'는 뜻으로 풀이하기도 한다. 우리네 인생들이 '나 자신이 어디에서 와서 어디로 가고 있는 존재인가?'를 알지 못하면 자기 사명감과 삶의 새로움을 추구할 방안조차 가늠하지 못하므로 세 가지 해석이 결국은 '자신의 무지함을 알라.'라는 하나의 의미로 귀착歸着된다고 하겠다.

나는 기독교인이 된 이후로 생명의 근원을 알게 된 것을 감사했다. 태초에 하나님이 천지를 창조하시고 사람을 지으신 내력과 인생을 축복하신 것을 믿는다. 모태에서 하나님이 나를 조성하시고 뼈를 자라게 하시고 세상 빛을 보게 하심을 알게 되었다. 이 비밀이 너무 오묘하고 믿어진다는 게 더욱 신기하기만 했다.

아침에 눈을 뜨면 새로운 하루가 열린다. 새벽기도회에 다녀와서 맨 먼저 기도일기를 쓴다. 그날의 중요한 일정을 하나님께 아뢰고 도움을 요청한다. 온 가족의 이름을 일일이 적어가며 생명과 안전을 지켜 줄 것을 하나님께 맡긴다. 그리하면 정말 평온하다. 나는 범사에 하나님을 인정하고 신뢰하며 그분의 지도하심을 기뻐한다.

요즈음엔 몸에 좋다는 먹을거리가 헤아릴 수 없을 정도로 흔하다. 대다수 사람들이 건강을 제일로 친다. 사람들의 지혜가 발달해서 지구촌 곳곳이 난개발로 몸살을 앓으며 그 피해는 고스란히 인간에게 되돌아온다. 모두들 환경오염을 걱정한다. 건강 없이는 내가 없고 건강하지 못하면 내일도 없다. 나도 정기적으로 건강검진을 받는다. 나는 규칙적으로 운동하고 절제도 한다.

나는 궁극적으로 하나님께 온몸의 건강을 맡긴다. 온갖 약이 넘쳐나는 세상이지만 약보다 먼저 하나님께 시간을 내어 드리고 보살핌을 기다린다. 내 눈으로 다 볼 수 없는 몸속의 오장육부를 하나님이 손수 만드셨으니까 그분이 정상 수치로 관리해 주시길 부탁한다. 내가 거동할 때마다 하나님이 앞서 행하시고 장애물을 걷어내시고 안전하게 인도하심을 믿는다. 물론 나도 안전 규정을 지키고 준법 운전을 한다.

삶을 흔히 전투에 빗대어 이야기한다. 그러니까 승자와 패자가 생길 수밖에 없다. 또한 누구는 성공하고 어떤 이는 실패한다. 언제부터인지 사람들끼리 서로 비교했을 것이다. 이것이 건전한 사고방식일까? 아닐 것이다. 남과 비교하면 비참해진다. 하나님은 나에게 가르치는 즐거움과 글쓰기의 재미와 남을 위로하는 재능을 은사로 주시고 그 분야에서 최선을 다하도록 이끄신다. 나는 창조의식에 몰입한다. 하나님이 우리의 젊음을 독수리같이 새롭게 하신다는 성경 말씀(시편 103 : 5)이 좋다. 얼마나 성공했는가를 나는 따지지 않고 얼마나 성결하게 살아가는지에 잣대를 들이댄다.

성경의 주요 인물, 모세의 삶을 반추해 보자. 그는 자기 백성을 식민지 애굽 땅에서 인도하여 광야 생활 40년을 겪는 동안 갖은 시련을 겪는다. 죽음을 앞두고 그는 백성들에게 마지막 당부를 하며 "여러분은 행복한 사람이다."(신명기 33 : 29)라고 위로한다. 이 말을 뒤집어 보면, 모세 그도 고난 중에서 역시 행복했다는 말이 된다. 왜일까? 하나님이 보호자가 되셨기 때문이란다. 하나님은 당신을 신뢰하는 사람을 생명 싸개 속에 보호하신다(사무엘상 25 : 29).

나도 내 삶의 보호자, 하나님이 계시기에 행복하다. 이 세상에서 아무리 재산을 모으고 높은 지위에 올라도 잠시뿐이다. 하나님을 보호자로 삼은 자는 영원히 행복할 것이다. 세상 기준을 버리고 행복을 다시 논하면, 남을 섬기고 베푸는 삶이 진정 행복하다. 특히 코로나19 감염병으로 인하여 우리 사회가 매우 혼란스럽다. 성경으로 돌아가서 이웃을 사랑하고 서로 존중하며 남을 섬기는 데에 힘을 보태야 할 것이다.

한국갤럽에서 '한국인의 종교' 현황을 조사 발표한 자료(2021. 5)에 따르면, 60대 이상은 59%가 종교를 지녔고, 20대는 22%만 종교가 있다고 답했다. 그리고 비종교인의 절반가량이 "관심이 없어서"(54%)라고 응답했다. 종교에 무관심한 것을 그 누가 탓할 수 있으랴만 신선한 유인책이 궁색하여 사뭇 안타깝다. 어쩌면 종교인들이 모범된 삶을 보여주지 못한 원인도 한몫을 차지할 것이다.

삶은 궁극적으로 자신의 몫이다. 누구든지 힘써 하나님을 찾아야 한다. 갈급하게 찾으면 하나님이 우리를 만나 주신다. 무관심은 스스로에게 무책임한 것이 아닐까. 인생들이 하나님을 가까이 해야만 하나님이 우리를 가까이 대해 주신다(야고보서 4 : 8). 무관심의 뿌리는 하나님이 없이도 얼마든지 살 수 있다는 교만심에 박혀 있다고 본다. 하나님이 만드신 만물에 그의 영원하신 능력과 신성이 보여 알려졌으므로 누구든지 핑계할 수 없다(로마서 1 : 20). 어쩌면 창조주에 대한 무관심은 그분을 알면서도 거부拒否 내지 기피忌避하며 세상의 정욕을 따라 편하게 살고자 하는 의도가 아닐까 한다. 우리에게 생명을 주시고 축복하신 하나님, 우주 질서와 세계사를 주관하시는 하나님을 젊은 세대들이 외면하지 않았으면 정말 좋겠다.

경험의 안경

오늘은 고향길이다. 고향 가는 길은 언제나 정겹다. 나는 차창 바깥으로 들판을 자꾸 곁눈질한다. 가을볕에 영글어가는 누릇누릇한 벼 이삭이 보기에도 흐뭇하다. 벌써 백로白露 절기를 지나 추분이 코앞이니 온갖 곡식과 과일이 풍성할 것이다. 하늘에서 내리는 이슬[露]은 '조물주의 은택'을 상징하는데 조물주께서 만인에게 각양 먹거리를 제공하니 얼마나 감사한가.

갑자기 휴대전화 벨이 요란하다. 전화기를 아내에게 건넨다. 아버지의 목소리가 새어 나온다.

"예, 지금 가고 있어요."

아내의 대답은 간단명료하다. 아버지는 기다리다가 걱정이 돼서 전화를 건 것이다. 출발이 늦어져서 조바심이 났는데 예상이 딱 맞아떨어졌다. 고향집에 도착하니 벌써 부모님은 일복 차림으로 텃밭에서 땅콩을 캔다.

"왜 이렇게 늦었냐?"

라며 걱정 반 꾸중 반이다. 자식들이 하는 일이 부모 마음에 쏙 들게 하기는 여간 쉽지 않다. 불민不敏하여 속 타게 기다리도록 해드린 것이 많이 송구스럽다.

오늘만 해도 그렇다. 아침부터 아내의 컨디션이 평상 수준 아래로 떨어진 것을 한눈에 알 수 있었다. 이를 어쩌나 염려는 되면서도 아무 말도 건네지 않았다. 간밤에 깊은 잠을 이루지 못하고 사경쯤 일어나서 부엌일을 했다고 한다. 오늘이 효행의 날이기 때문이다. 아버지의 생신과 벌초 및 농사일이 겹쳐 있다. 텃밭에 몇 골 심어놓은 땅콩을 캐야 한다. 언제나 아내는 나보다 여러 수를 더 멀리 내다본다. 그 새벽부터 생신상에 올릴 반찬에 마음을 많이 쓴 것이다. 연세 드신 어른들은 입맛이 까다로울 수밖에 없음을 이해하더라도 맞추어 드리는 것은 스트레스 그 자체이다. 매사를 쉽게 생각하고 단순하게 여기는 남편들보다 아내들의 삶이 얼마나 고단할까 짐작이 가고도 남는다.

아침밥을 먹고 여느 때 같으면 벌써 고향 집으로 출발할 시간인데도 아내는 거실 소파에 누워 있다. 살짝 코를 골며 잠이 들었다. 제발 기운이 회복되고 기분도 평상시처럼 올라오기를 바랄 뿐이다. 나는 아내의 시간표에 맞춰 텔레비전을 시청하며 여유를 부린다. 한 시간 넘게 지나서야 아내가 채비를 한다. 젊었을 때는 이런 경우에 아내의 마음을 헤아리지 못하고 여지없이 불편한 속내를 드러냈었다. 지금은 생각조차 싫은 한때의 과오였다. 어쩌면 그런 숙성의 단계를 거쳐서 삶의 완성도를 높여 가는 것이리라.

농사보다 신기한 것이 다시 있으랴. 봄철에 심지 않으면 어찌 얻을 수 있었겠는가. 땅콩을 캐는 일은 아버지가 하신다. 땅콩 줄기를 단번에 뽑아 올리는 기술이 필요해서다. 아내와 어머니는 땅콩을 따서 다듬고 나는 덩굴줄기를 치우고 땅콩을 집안으로 운반한다. 분업 효과가 확실하다. 땅콩이 상품 축에 들 만큼은 아니더라도 잘 익었다. 일하는 모습을 찍어서 가족 카카오톡 방에 올린다. 소통이 실시간 일어난다. 가족끼리 일상을 알리고 관심사를 나누다 보면 교육적인 효능도 기대된다. 부모님을 구심점으로 형제자매와 후손들이 똘똘 뭉치는 유대감이 부쩍부쩍 자랄 것이라 기대한다.

오전 일을 끝내고 땅콩 껍질에 묻은 흙을 물로 말끔히 씻어낸다. 양철 판에 땅콩을 널어서 말리는데 얼마나 정성을 기울인 결과물인지 한없이 정겹게 느껴진다. 하오의 가을볕에 물기를 말리는 피皮땅콩이 마치 곰실거리는 벌레의 한 무리 같다.

드디어 부족한 일손을 거들기 위해 대구에서 막내아들이 도착했다. 조부모한테는 손자가 제일 큰 선물이다. 어린 증손 남매를 데리고 오지 않아서 기쁨이 반감되었다. 오전 근무를 마치고 학교에서 곧장 오느라고 단신으로 벌초 채비만 갖추어 왔다. 오후에는 벌초하는 팀과 밭일하는 팀으로 나뉘었다. 당초에는 한로寒露 지나고 고구마를 캐려고 했는데 올해는 윤달이 들어서 농사력이 다소 앞당겨져 오늘 그 작업도 결행하기로 했다.

선산先山에 당도하니 애벌 벌초한 지 두 달 새에 풀이 우거졌다. 아마 여름 장마가 길었던 영향으로 인해 잡풀이 기세를 떨치는 것 같다. 언제나 벌초는 조심스럽고 힘들다. 아들이 기계 장비를 잡고 나는 갈퀴로 잘린 풀을 긁어모아서 치운다. 두 시간이 안 걸릴 것으로 예상했는데 세 시간을 소비했다. 풀이 워낙 억세니까 쳐내기가 어렵고 배터리 소모도 많았다. 보조 배터리까지 동원하고도 모자라 나머지는 낫질로 마쳤다. 벌초는 조상이 후손을 벌罰주는 것이라는 생각이 미칠 정도로 힘이 들고 고단하다. 그래도 정리정돈을 하고 나니까 묘역이 신선해 보여 보람이 컸다. 요즈음 개장改葬을 하여 아예 벌초하는 번거로움을 없애버리는 추세인데 그 필요성을 실감할 수 있었다.

벌초를 마치고 오니 텃밭에는 갓 캐낸 고구마가 식감이 감도는 연붉은색으로 줄 맞춰 누워 있다. 품종이 두 가지다. 호박고구마는 모종을 심어 살려내기가 어렵고 밤고구마는 심는 대로 전부를 살릴 수 있다. 맛이 특별하다고 호박고구마를 선호하지만 밤고구마도 숙성시켜 먹으면 만족할 만하다고 하니 굳이 호박고구마를 고집할 까닭이 없겠다. 객토를 해서 땅의 힘을 돋운 덕분에 고구마가 참하고 모양이 고르다.

나는 고구마를 선별해서 일단 빛깔이 좋고 크기가 괜찮은 것만 골라 박스에 담아 뜰 아래로 옮겨 놓는다. 농부들이 힘들어도 땅을 놀리지 못하고 쉼없이 농사일에 몰입하는 것은 천성을 따르는 것이리라. 하늘이 주는 수확의 기쁨은 이루 말로 형언할 수가 없다. 연신 허리를 구부렸다가 펴기를 거듭해도 어디서 힘이 솟는지 피곤을 모르겠다. 맨 나중에 옳게 영글지 못한 것과 표준보다 훨씬 작은 것들을 따로 구분해서 담아 옮긴다. 땅콩과 고구마를 알맞게 나눠서 부모님과 동생들 몫으로 남겨두고 내 승용차에 싣는다.

그날 저녁에 프랑스 오픈 테니스 대회 여자 결승전 장면을 녹화된 영상으로 보고 있는데 관중석에 빼곡하게 앉은 분들이 내 눈에는 얼핏 땅콩 널어놓은 것처럼 인식된다. 거실 소파에 누워 있는 아내가 들으라고 "관중들 모습이 마치 땅콩 널어놓은 것 같네."라며 보이는 느낌대로 말했더니 "진짜네."라며 공감한다. 한반도 고향 집 마당에 널어놓은 수많은 피땅콩과 롤랑가로스 경기장의 관중들이 내 망막에 초점이 일치되는 것이 신묘神妙하다.

무슨 작용일까? 사람은 경험한 것을 토대로 추리하고 판단을 하거나 새로운 구상을 한다. 이와 같은 경험의 안경이 우리의 삶에 알게 모르게 영향을 미친다는 것을 새삼스레 익힌다. 언제나 변화를 시도할 때 새로운 동력의 진원지는 축적된 경험들이다. 만약 우리 경험에 풍부한 상상력과 호기심이라는 날개를 달 수 있다면 삶의 활력소가 될 것이다.

앞으로 일상생활 가운데서 다른 사람들의 이야기를 귀 기울여 듣고 존중해 주리라 다짐한다. 상대방이 여상如常스럽게 내뱉는 한마디도 쉽게 얻은 것이 아닐 테니까. 통상적인 안목을 넘어 자신만의 느낌으로 받아들인 특별한 결과물일 수 있으니까. 누구의 입에서 나온 말 한마디라도 치열한 삶의 현장에서 건져낸 순금 같은 깨달음일 수 있으니까. 이후로 나는 남의 말을 달게 듣고 두고두고 음미하는 태도를 기를 것이다.

인동초忍冬草

나는 인동초를 좋아한다. 아니 의미를 부여해서 엄청스럽게 사랑한다. 우리네 삶이 인동초를 닮아 있기만 하면, 고난을 참아내며 그 꽃처럼 끝까지 견딘다면, 마침내 소망의 항구에 도달하리라. 무슨 일이든지 차분하게 의욕을 가지고 임하지만 대다수 사람들이 시련과 환란의 파고波高가 밀어닥치면 허둥거리다가 중도에 그만두는 일이 잦다. 대학 입학 이후 한 해 동안은 내게 고초가 겹쳤다. 일곱 차례나 거처居處를 옮겨야 할 기막힌 사정의 연속이었다. 그랬지만 나는 버티어 내었다. 학업을 포기할 생각은 눈곱만큼도 없었다.

잠시 인동초를 들여다보라. 이 식물은 푸른 잎을 단 채로 겨울을 참고 이겨낸다. 꽃말은 인내, 사랑의 인연, 헌신적인 사랑 등을 뜻한다. 인동忍冬은 향기가 나는 꽃을 피우는 덩굴식물로, 잎이 밝은 녹색이고 넓은 타원형이며, 분홍빛이 도는 자주색 통꽃이 작게 무리 지어 핀다. 키가 1.8m에 이르기도 하지만 대개는 더 작다. 시골의 들판 야산에서 자생하지만 꽃이 아름답고 향기가 좋아서 관상용으로 재배하는 것으로 알려져 있다.

꽃 한 꼬투리에 많은 낱 꽃이 모여 있다. 한 꼬투리에 낱 꽃들도 시차를 두고 핀다. 처음 피어날 때는 한 송이나 두 송이가 피어나면서 차례대로 피어서 한 꼬투리의 꽃이 모두 필 즈음에는 시든 낱 꽃들도 생기고 꽃잎 안쪽이 흰색도, 노란색도 있는데 흰색으로 피었다가 노란색 꽃으로 변색한다. 그래서 우리 토종 인동초를 금은화金銀花라고 부르는 별칭이 생겼다고 한다.

부모님 슬하에서 고교 시절까지 마치고 대학생이 되어 도시로 나왔는데, 타향살이의 첫걸음은 인동초와 흡사했다. 우선 먹여주고 재워줄 곳을 찾아 나서야 했다. 아버지께서 마련해 주신, 쌀 한 말 담은 부대를 둘러메고 육촌 누이를 찾아갔다. 누이는 회사원이었다. 집안에서 대학생이 나왔다고 축하해 주는 누이가 정말 고마웠다. 다들 힘들게 생활하는데 짐이 되는 것 같아서 달포 만에 스스로 나왔다. 누이가 안쓰러워할까 봐 작별의 인사도 없이 편지 한 장 써 놓고 횡허케 떠났다.

다음 행선지는 정한 곳이 없었다. 낮에 강의 들었던 그 강의실에서 책상을 붙여서 침대로 꾸며 잠을 청했다. 요즈음 같았으면 엄두도 못 낼 일이다. 보안 장치가 허술했기에 밤에 잠겨 있지 않았던 창문을 젖히고 들어갈 수 있었다. 학생회관 식당에서 밥을 사 먹었다. 끼니를 거르는 것이 다반사였다. 이틀 밤을 강의실에서 보냈더니 심신이 피곤하고 꼴이 말이 아니었다. 남의 눈을 피해서 강의실에 잠입하는 행위를 지속할 수는 없었다. 마음이 바뀌자, 하루 만에 새 거처를 찾아내야만 했다.

천우신조天佑神助이런가? 초등학교 동기생이 술도가에 취직하여 있음을 생각해냈다. 생떼를 써서라도 빌붙어야 할 판국인데, 내 처지를 딱하게 여긴 친구가 흔쾌히 받아주었다. 누룩 향기가 진동하는 문간방에서 친구와 함께 잠을 잤다. 밤에 이슬을 피할 수 있는 공간이 생긴 것이 축복이었다. 배움의 기쁨, 진리를 탐구하는 상아탑 운운하는 것은 나중에 두고 볼 일이었다.

근 한 달쯤 밤마다 막걸리 향기에 젖어 살았다. 아예 술을 배우지 않았고 마시지 않지만 그때의 경험이 두고두고 술을 가까이하지 않은 이유가 되기도 했으리라. 친구의 입장이 난처해지기 전에 그곳을 떠나야 했다. 주인에게 양해를 구했다지만 무한정 기대는 것은 내 쪽에서 염치가 아니었다. 친구에게 고맙다는 인사를 남기고 헤어졌다.

어디로 가야 하나? 나를 받아줄 사람이 있을까? 정 어렵거든 외삼촌댁을 찾아가거라고 일러 주신 아버지의 말씀을 따라 구세주처럼 남겨두었던 그곳, 외삼촌을 찾아갔다. 외숙모 뵙기가 더 미안하고 마음에 걸렸다. 여름의 문턱으로 들어서는 오뉴월 두 달을 안락하게 지냈다. 1967년 당시 외삼촌댁에서 학교까지 시내버스 차비는 5원이었다. 차비로 쓸 돈이 없었다. 늘 한 시간을 걸어 다녔다. 식사 시간이면 눈칫밥의 속뜻을 체감했다. 무노동으로 양식을 축내는 밥벌레 같은 존재가 되기는 싫었다. 새로운 둥지를 물색하자마자 외숙모에게 고마운 마음을 전하고 돌아섰다.

여름방학 시즌에 고교 동기생 둘이서 자취하는 방에 함께 묵기로 거래가 된 것이다. 이삿짐은 간단했다. 옷가지와 책이 전부이니까. 아버지께서 쌀 두 말을 보내 주셨다. 친구들 사이라서 마음이 편했다. 친구의 조모께서 밥을 지어 주셨다. 친할머니처럼 잘해 주셔서 먹는 대로 살이 되는 것 같았다.

오매불망 나의 최대 소망은 입주 과외를 구하는 것이었다. 출석하는 교회의 목사님께 부탁을 드렸다. 목사님께서 기도를 해 주셨지만 일자리를 주선하는 것은 어려웠나 보다. 고교 시절 때 영어 선생님께서 대구시내 모 중학교에 근무하시는데, 무작정 찾아가서 졸랐다. 얼마나 다급했던지

"선생님 반에 있는 학생의 집을 소개해 주십시오."

라고 응석을 부렸다. 선생님은 쉬운 일이 아니라고 즉답을 하셨다. 실망스러웠다. 그 대신 선생님께서 근처 중국집에서 자장면을 사 주시면서 따뜻한 격려의 말씀을 해 주셨다.

나 한 사람의 고통과 시련에도 아랑곳없이 태양은 작열하고, 오곡백과가 결실하는 가을이 왔다. 그해 시월 말이다. 고등학교 동창 선배님이 자기 고모부 댁에 나를 입주 과외 교사로 추천해 주

었다. 이제 방황의 종착지로 여겼다. 방을 따로 쓸 수 있고 숙식이 해결되었다. 중학생과 초등학생인 자매 둘의 공부를 돌보아주는 조건이었다.

나는 고용되었고 노동의 대가로서 정당하게 먹고 자고 하는데, 마음의 평안이 없었다. 늦은 밤까지 전깃불을 켜는 것도 그렇고, 식사 시간에 눈칫밥은 여전했다. 내가 당당하지 못해 그럴까? 아니면 성격 탓일까? 주인과 종의 관계로 엮인 이유인가? 그렇게 소원하면서 구했던 금싸라기 같은 자리와 조건을 박차고 나올 수밖에 없었다.

학교 캠퍼스 내에 있던 기독교 기숙사를 찾아갔다. 마침 빈자리가 있었다. 일곱 번째로 구한 보금자리이다. 바로 이곳이 안식처였다. 하나님이 준비해 두신 낙원 같은 곳이 여기 있었다. 새벽마다 예배를 드리고, 자율적으로 생활한다. 총무 제도를 두어서 한 달씩 번갈아가며 살림을 꾸린다. 그리고 나는 시간제로 그룹과외를 시작했다. 당시 중학생 세 명을 지도했는데, 기숙사비와 등록금, 생활비를 충당하기에 만족했다. 나는 학생들 부모님께 보답하는 정성으로 최선의 노력을 다 바쳤다.

대학 2학년 유월이었다. 내가 지도한 학생들 세 명이 중간고사 결과, 학급에서 모두 일등을 차지했다. 하나님의 축복이었다. 전혀 예상하지 못한 기적이었다. 원래 중간고사는 국어, 영어, 수학 등 세 과목만 치른다. 때마침 시험 범위의 분량이 많지 않았다. 집중 공략을 하여 요리조리 묘안을 짜서, 낼 수 있는 예상 문제를 여럿 만들어서 모의시험을 수차례 치렀더니 뜻밖에 적중한 문제가 많았다. 부모님들 사이에 난리가 났다. 여름 남방을 선물하시고, 상여금을 주시고, 월정액 수당까지 올려 주셨다.

대학 입학 이후 열여섯 달 만에 완전하게 자립할 수 있었다. 돈 걱정을 덜었다. 꿈만 같은 일이 나에게 일어난 것이다. 내 인생의 겨울은 대학 시절 초반부였다. 만약 그때 학업을 중단했더라면 오늘 내 삶은 없었을 것이다. 인동초의 은빛, 금빛 꽃 색깔처럼 은금銀金 보화의 복을 받아 생활이 안정되었고 결국엔 대학교 졸업장을 타게 된 것이다. 성경의 한 구절이 떠오른다.

"우리가 환난 중에도 즐거워하나니 이는 환난은 인내를, 인내는 연단을, 연단은 소망을 이루는 줄 앎이로다."(로마서 5장 3-4절)

고비마다 참을 힘을 주시고 주저앉고 싶을 때에 새 길을 열어 주신 하나님을 찬양한다. 그리하여 여태껏 인동초는 내 인생의 꽃이다.

구원의 종소리

밤이 지나고 아침이 밝아오면, 어둠이 빛을 잉태하고 있었다는 생각이 든다. 천지가 창조될 때 "땅이 혼돈하고 공허하며 흑암이 깊음 위에 있을"(창세기 1 : 2) 그때에 "하나님이 빛이 있으라 하시니 빛이 있었고 그 빛이 하나님 보시기에 좋았더라."(창세기 1 : 3~4)고 하신 성경의 기록이 연상되기도 한다.

청소년기의 어두웠던 터널, 고민이 많고 성장통의 아픔이 깊었던 고교 시절의 비화秘話이다. 누구나 겪는 사춘기에 나도 그 혼란과 반항의 거센 물살에 둥둥 떠다녔다. 혼란이라 함은 가치관의 문제였고, 반항이라 함은 극심하게 가난했던 환경에 대한 분노였다. 미래와 희망이 보이지 않았다. 한줄기 빛이 그토록 그립던 시절이었다. 나중에 알게 되었지만 그 지독한 암흑 속에서도 빛이 태동하고 있었던 것이다. 하나님의 은총임을 인정하며 무한정 감탄스럽다.

담임선생님께서 소개해 주시어 입주 가정교사로 들어갔다. 주인댁은 잡화상을 경영하였다. 주인의 큰아들은 나보다 한 살 위인데 서울로 유학하러 떠났고 나는 초등학생 남매의 공부를 돌봤다. 숙식이 해결되어 한시름 놓았으나 학비는 미제未濟 상태였다. 다행히 학교에서 근로장학생으로 선발되어 공납금 절반을 면제받았다. 매일 점심시간대에 도서 대출과 반납 업무를 하고 구입하는 도서를 대장에 올리고 정리하는 가욋일을 했다.

여름방학을 맞아 고향 집에 와 있던 휴가 기간이었다. 1965년 8월 8일, 일요일이었다. 여느 날처럼 아침밥을 먹고 내 방안에서 누워 쉬면서, 미래에 대한 불안함과 진로를 걱정하며 깊은 수렁에 잠시 빠져 있을 때였다.

그때, 교회당 종소리가 들려왔다. 종소리가 우리 집 지붕을 뚫고 방안으로 들어와서 내 귀를 타고 머릿속으로, 가슴속으로 급기야 온몸에 전류처럼 흘러넘쳤다. 평소에 듣던 그 소리와는 차원이 달랐던 그 날의 그 종소리.

'저 종소리를 따라가면 나는 반드시 살길이 열리겠다.'는 확신이 들었다. 매우 쫓기는 듯 다급해지기 시작했다. 더 지체하다가는 기회를 잃을 것만 같았다. 몸이 먼저 반응했다. 교복으로 갈아입고 출필곡도 생략한 채 사립문 밖으로 튀어 나갔다. 교회당은 십여 분 거리로 가까웠다. 막상 교회당 입구에 닿으니 걸음이 오그라들었다. 교회 안을 기웃거리다가 슬그머니 꽁무니를 빼어 기차역으로 갔다. 혹시 통학 열차 시간표가 변경되지 않았는지 살펴보았다. 누가 봤다면 아주 멋쩍은 행동이었으리라. 그러다가 다시 교회당으로 발걸음을 옮겼다.

두 번째 교회당 입구에서 서성거렸다. 아, 바로 그때 하나님의 사람이 나타났다. 교회 목사님과 마주쳤다.

"학생, 들어와. 괜찮아."

목사님의 손짓은 물에 빠져 허우적거리는 사람에게 닿은 구원의 밧줄이었다. 내 본심으로 기독교에 입문하는 귀중한 순간이었다. 교회당 안에 들어서자 낯익은 이웃 동네 친구들이 반겨 주었다. 하지만 많이 열없어서 얼굴이 화끈거리고 몸 둘 바를 몰랐다. 그렇게 주일 예배를 드렸다. 귀가할 때 목사님이 신약성경을 주셨다. 그날 이후로 예배 시간을 거르지 않고 참석했다. 스스로 느끼기에도 마치 마른 솜뭉치에 물기가 스며들 듯 목사님이 전해주는 말씀에 심취하였고, 교회 생활의 분위기에 서서히 젖어 들었다.

한 주간의 휴가를 보내고 주인댁으로 돌아왔다. 교인이 되어 나타났으니 딴 식구들이 어찌 대할지 약간 긴장되었다. 일단 주일날 및 수요일 밤에 예배 참석을 해야 하므로 주인 아저씨께 허락을 받았다. 식사 시간에도 기도한 후에 밥숟갈을 들었으니 온 식구들이 알게 되었다. 한편 교인 된 것을 밝히고 나니 한결 후련했다. 이전보다 더 열심히 생활하고 남매의 공부도 성실하게 봐주리라 결심했다.

정작 주일날 교회 출석하는데 성경책을 들고 당당하게 나서지 못하고 신문지로 싸서 자전거 뒤에 싣고 다녔으니 신자답지 못했다. 동급생 친구를 만날까 봐서 숨어 다니며 교회를 오갔다. 난데없이 친구와 부닥치면 '어디 가느냐?' 물을까 봐 겁을 냈으니, 참으로 부끄러운 초신자初信者 시절의 자화상이다.

그러나 이제는 삶의 목표를 새롭게 하여 일심으로 밀고 나가야 할 시점이었다. 초등학교 5학년인 남자아이를 중학교에 입학시켜야 한다는 압박감에 눌려 있었으며, 나 역시 대학교 진학에 대한 두려움이 점점 목을 죄어 왔다. 주인 아저씨가 하루는 나더러 엄중하게 말씀하시기를,

"만약 우리 아이를 서울 소재 ○○중학교에 입학시켜 주면 김 선생의 대학 등록금을 대어 주겠다."

라고 약속하시는 것이다. 나는 신나는 도전장을 받아 들고 아이들한테 정성을 쏟았다. 그뿐만 아니라 주인댁에 얹혀사니, 바쁜 일이 있으면 발 벗고 나서서 함께 거들었다. 일단 주인이 고마워서도 했고 눈치껏 알아서 할 때도 있었다. 그래야 내 마음이 편했다. 오일장이 서는 주말에는 아예 잡화상 가게에서 점원 보조 역할을 톡톡히 했다. 내 손으로 성냥, 양초, 목장갑, 양잿물 등 물품을 팔아주기도 했다.

주인 아저씨가 대구에 도매 물건을 떼러 가셨다가 밤늦게 돌아오시는 날에는 아이들을 데리고 기차역에 마중을 했다. 어른을 섬기는 기강이 확실한 그 댁의 가풍을 은연중에 배울 수 있었다.

무슨 일을 해도 하나님의 보호 아래 있다는 생각에 마음이 든든하고 안심했으나 정작 하나님의 실재를 확신하는 단계까지 나아가지 못했다. 교회 종탑만 멀리서 바라봐도 알 수 없는 눈물이 볼을 타고 흘렀다. 지금 되돌아봐도 은혜의 방증인지, 신세를 한탄하며 하나님께 매달리는 몸짓이었는지 모호하다. 이제 천로역정天路歷程의 첫걸음을 딛는 내게 무수한 시련과 박해, 그리고 고난이 기다리고 있음을 감지하지 못했다. 그야말로 순진했던 철부지 신자 시절이었다.

우리 집안에서 예수님을 영접한 사람은 달랑 나 하나뿐이었다. 설, 추석 명절에 조상님께 제사하는 관습을 거부하니 부모님은 수용하셨지만 삼촌 세 분은 험악한 말로 박해를 퍼붓기 시작했다. 내가 예상했던 일인지라 초연하게 받아넘기고 제사하는 자리를 피했다. 교회당에서 기도하고 찬송하며 지내기도 하고, 마을 뒷산 천마산天馬山 정상에 올라 차가운 바위에 걸터앉아 아침 햇살을 받으며 기도했다. 제사가 끝난 뒤에 나타나면 삼촌들도 다 큰 조카한테 매질을 하거나 다른 폭력을 쓰지는 않으셨다.

드디어 졸업 시즌을 맞으며 내 처지보다는 주인댁 아들의 진학을 위해 특별하게 신경을 기울였다. 서울에 있는 중학교에 가서 시험을 치른 아이한테 결과를 물었더니 '자신 있다.'라는 답변을 듣고 한껏 사기가 올랐다. 하지만 최종 발표일에 불합격 통보를 받고 주인 아저씨 뵐 낯이 없었다. 한순간에 나의 대학 등록금 약속도 부도수표가 되고 말았다. 하지만 불안해하거나 원망하지 않았다. 다음은 내 차례였다. 그토록 고대하던 선생님이 되기 위해 사범대학을 지망했고 대구에 있는 대학교에 원서를 넣고 시험을 치렀다. 시험장에 있는 학생 중에 감기 기운이 있어 콜록거린 사람은 나 혼자였다. 한 보름간을 애타게 기다린 뒤에 최종 합격 통보를 받았다.

모든 여건들은 불비했고 어려운 관문인데도 하나님의 은총으로 진학을 하게 되었다. 두 해 동안 먹여주고 잠을 재워주신 주인아저씨께 고마움의 인사를 전한다. 또한 말 잘 듣고 함께 공부했던 남매도 정말 사랑한다. 고교 시절의 역경의 터널을 빠져나오자 하나님이 예비해 놓으신 미래와 희망의 빛이 온몸을 감싸주었다. 어둠은 빛을 잉태하고 있었음을 내 삶으로 확인한 셈이다. 학교에서 배운 지식 위에 삶으로 익힌 교훈이 더해졌기에 고등학교 졸업장의 가치는 한결 빛났던 것으로 추억된다.

수명에 대하여

수명壽命의 사전적인 의미는 생명체가 살아있는 연한이다. 동식물도 생명체이기에 생존 기간이 있다. 꽃이 시들고, 나무가 병충해로 넘어지며 태풍에 뿌리째 뽑힌다. 고향 집에서 기르던 발바리도 지난해 자연사하여 애지중지 기르던 부모님이 무척 서운해 하셨다. 사람은 평균 수명을 기준하여 이를 넘기면 가족들과 지인들의 아쉬움이 덜하고, 턱없이 이에 미치지 않으면 안타까움으로 인해 할 말을 잃어버린다.

새해 첫날(2021. 1. 1. 06:00), 나는 사랑하는 후배 장로의 천국 환송 예배에 참석했다. 코로나19 감염병 탓으로 담임목사님과 성도 열댓 분이 모여 눈물로써 아쉬운 작별을 했다. 장로님은 본인의 장례식장에서 부를 찬송가까지 아내에게 지정해 주었다고 한다.

"나의 갈 길 다 가도록 예수 인도하시니 내 주 안에 있는 긍휼

어찌 의심하리오. 성령 감화 받은 영혼 하늘나라 갈 때에 영영 부를 나의 찬송 예수 인도하셨네."(384장)

유가족들을 위로하며 성도들끼리는 말을 극도로 아껴가며 천국에서 다시 만날 소망을 바라보며 슬픔을 견디었다. 이어서 운구차를 따라 화장장으로 이동한 조객 일행은 약 1시간 반 뒤에 한 줌 재로 봉안되어 돌아온 고인의 유골을 인근 공원묘지에 안장하고 천국에서 재회할 것을 믿으며 발길을 돌렸다.

별세한 장로님은 60세를 향수했다. 직장에서 중직重職을 맡았고, 교회에서도 시무장로로서 핵심 부서인 재정부에서 열심히 사역하셨다. 결혼 적령기에 있는 사랑하는 남매를 남겨둔 채 떠났으니 그 속 타는 절절한 사연을 어찌 남들이 짐작이나 하랴. 두 해 남짓 병석에 있으면서 입원과 퇴원을 몇 차례 반복했다. 부모님께서 걱정하실까 봐 발병 일 년 동안을 알리지도 않고 치료에만 전념했다니, 깊은 효심을 넉넉히 헤아릴 수 있으리라.

새해 덕담을 잠시 내려놓고 정초에 사람의 수명을 생각해 보게 된다. 흔히 건강 백세를 이야기한다. 노아 홍수 이전에 하나님은 인간 수명을 일백이십 살이 되리라고 언약했지만, 생자필멸生者必滅의 철칙 앞에 인간은 개인의 수명에 겸손하게 순복한다. 신기한 사실은, 인간의 수명 한계를 연구하는 학자 그룹에서도 120세를 기준으로 더 살 수 있다는 편과 그 선을 넘기 어렵다는 편으로 양분되어 있다고 한다. 후자의 논리는 지구상에 존재하는 동물 대부분은 성장기의 여섯 배 이상을 살지 못한다는 사실에 근거하며, 인간이 20세까지 성장한다고 볼 때 그 6배인 120세가 수명의 한계라는 것이다. 조선시대 왕들의 평균 수명은 약 40세 전후로 알려졌고 그중 장수한 임금은 영조로서 83세를 향수하였다. 통계청 자료(2020)에 따르면 2019년 출생한 아이들의 기대수명은 남자 80.3세, 여자 86.3세인데, 300여 년 전에 영조대왕이 팔순을 넘겼으니 놀랍다.

누구도 자기 죽음을 미리 내다볼 수 없다. 성경은 내일 일을 자랑하지 말라고 했다. "너희는 인생을 의지하지 말라. 그의 호흡은 코에 있으니 셈할 가치가 어디 있느냐?"(이사야 2 : 22)라고 하나님께서 반문反問하신다. 또한 인생들에게 "우리의 연수가 칠십이요 강건하면 팔십이라도 그 연수의 자랑은 수고와 슬픔뿐이요 신속히 지나간다."(시편 90 : 10)라고 설파說破한다. 혹자는 나이 들면서 아름다운 죽음을 준비하라고 권한다. 웰빙well-being과 웰다잉well-dying은 서로 닿아 있다.

그렇다면 어느 적정한 때부터는 죽음 준비를 고려해야 할 것이다. 세간에 회자되는 것은 유언 미리 써놓기, 장기 기증서 작성하기, 유산에 대한 정리 방안 등 그 외에도 개인마다, 가정마다 사정에 따라 각양각색일 것이다. 묘비명을 미리 작성해서 아예 만들어 놓은 이들도 있다. 남들이 하는 것을 다 따라 하지 않더라도 의미 있는 죽음 준비는 누구에게나 반드시 필요할 것이다.

그렇다고 생전에는 삶을 즐기는 것이 우선이지, 죽음에 너무 구속당해서는 더더욱 아니 될 듯하다. 죽음의 기술은 늙어감의 기술이라고 한다(의사 노태명, 2019). 그 의사의 말씀에 고개가 끄덕여진다. 늙어가는 것에 대해 우리는 항거도 거부도 할 수 없다. 늙는 것을 본인이나 가족들이 순순히 받아들이고 고결한 모습으로 비춰지도록 자기관리를 신경 써야 한다고 생각한다. 생명의 날 동안에 남을 해치지 않고 욕 얻어먹을 일 저지르지 않고 오히려 남을 위해 베풀며, 배려하면서 살아간다면 절대로 후회스럽지 않을 것이다.

한편 수명이 늘어남에 따라 인생 후반부인 '서드 에이지third-age'를 여유 있게 보내기 위한 방책을 강구한다. 할 일을 만들어서 재능을 바쳐 봉사활동을 하며 의미 있게 보내는 분들이 늘고 있다. 무엇보다 무료하게 세월을 축내서는 안 될 것이기에 창조적인 잠재력을 맘껏 발휘하여 성취의 보람도 얻고 이웃을 섬기는 기쁨도 느껴봄이 좋을 것이다. 개인적 노화private aging는 개인의 책임 소관이라 하겠다. 미국의 19세기 사회개혁가로서 노예제 폐지운동에 동참했던 웬델 필립스Wendell Phillips의 명언, "사람은 나이를 먹는 것이 아니라 포도주처럼 익는 것이다."라는 한 구절은 우리 모두를 희망으로 설레게 한다.

올해 102세를 맞은 김형석 연세대학교 철학과 명예교수는 부인과 사별한 지 20년 세월을 견디어 낸 분이다. 김 교수는 "99세까지는 내 나이를 인식하고 살았는데 100세 되니까 나이 생각 없이 살게 된다."며 "어머니가 낳아준 거니 틀림없겠지만 남들이 102세라고 하니까 102세라고 생각하는 것이다."라고 말한다. 그분의 지론은 열심히 일하는 것이 운동이고 건강관리 하는 것이란다. 남이 내 일자리를 만들어 주지 않는 까닭에 "내가 내 일자리를 만들어야 한다."라고 김 교수는 강조한다. 강의하고 글을 쓰고 저술하는 등 언제나 일에 몰입하고 그로 인해 여러 지인들을 만나서 친구로 삼으며 담소를 나누니 그것이 건강하고 외롭지 않게 사는 비결임을 암시해 준다.

어떤 분은 자식들에게 폐가 될까 봐 장수長壽를 겁낸다고 한다. 장수는 축복이다. 천수天壽 누리는 것을 자타가 절대로 이러쿵저러쿵 군소리해서는 안 될 일이다. 노년을 자식들에게 의존해서 살지 않고 마음 맞는 친구들과 어울려 가족처럼 지내는 것을 프래밀리framily라고 한다. 이를 응용하면 얼마든지 협력적인 주거 공동체를 이뤄 의미 있게 노후를 보낼 수 있을 것이다. 그 방안은 독립적인 개인의 공간을 유지하면서 거실과 주방을 공유하는 삶의 형태를 권장할 수 있다. 이것이 기술적으로 나이를 먹는 하나의 방법이 될 수도 있겠다.

세상에는 죽음의 3대 비밀 사항이 나돈다. 언제, 어디서, 어떤 모습으로 생을 마감할지 아무도 모른다는 것이다. 그리고 위대한 사람이라도 자기 죽음의 결말을 볼 수 없다는 점이다. 수명의 끝은 타인에 의해 그 모습이 확인되고 처리된다. '사전 연명의료 의향서'를 들어보았는가? 회생 가능성 없이 임종 과정에 있는 환자에 대해 의학적으로 무의미한 연명의료를 하지 않거나 중단할 수 있다는 결심을 받아놓는 제도이다. 예컨대, 심폐 소생술, 혈액 투석, 항암제 투여, 인공호흡기 착용 등을 하지 않겠다는 의향을 표시한 것이다. 개인의 수명이 다했는지 여부를 때로는 의사가 의학적으로 판단해 준다. 이런 일도 생명을 주신 하나님 앞에서 합법하고 환자 본인의 의견과 가족들의 합의 아래 신중하게 결단할 사안이다.

그럼에도 불구하고 왜 사람이 만물의 영장인가? 삶의 종말이 있음을 알고 생명의 날 동안 세월을 아껴 지혜롭게 처신함으로써 자기 인생을 존귀하게 만들어 내기 때문일 것이다. 이쯤에서 성경 한 구절에 눈길이 간다. "그의 호흡이 끊어지면 흙으로 돌아가니 그날에 그의 생각이 소멸하리로다."(시편 146 : 4)라고 선언한다. 우리의 호흡이 끊어지고 흙으로 돌아가는 날까지의 기간이 우리의 수명이다. 올해도 하나님께서 유예猶豫해 주신 생명의 날 하루하루를 귀하게 여기며 성결하고 평화롭게 채워가고자 다짐한다.

아버지의 아홉수

우리가 이 땅에서 누리는 생명의 연수는 하늘이 정해 놓은 것이어서 그 날수는 비밀의 안개에 가려 있다. 뭇사람들이 생업에 매진하여 열정을 바치고 보람을 일궈내는 것은 바로 미래의 화복禍福이 감춰 있기 때문이 아닐는지? 세월을 아끼라는 말이 귀하게 들리는 것도 앞날을 예측할 수 없게 하신 하나님의 신비와 무관하지 않으리라.

그런데 아버지는 한순간에 삶의 애착이 꺾이고 앞날의 소망까지 뿌리째 흔들리는 시련을 만났다. 촌장村長께서 아버지의 아홉수를 불쑥 짚어준 뒤로 근심의 골이 깊어진 것이다. 그 어른은 사서삼경을 섭렵하신 분인데 마을의 대소사나 이웃들의 운세 봐 주기를 즐겨했다. 아버지는 이분에게 딱 걸렸다.

아버지의 연치가 쉰셋 들던 그해 정초, 세문안歲問安을 올리는 자리에서 그분이 아버지에게 '쉰아홉을 넘기지 못할 것 같다.'는 흉한 괘卦를 전했다. 아홉수는 남자 나이에 '아홉 구九'가 들어가면 결혼이나 이사를 꺼리는 것을 일컫는다. 그런데 그분은 뜬금없이 사망의 기운을 운운하며 올가미를 씌운 것이다. 할머니께선 팔순을 앞둔 시점이었으니 아버지의 걱정은 이만저만이 아니었을 성싶다.

하나님을 경외하는 신앙으로 집안을 세우려는 내게 촌장의 불길한 말씀은 환난의 돌과 같았다. 오남매의 맏이인 나는 신혼 생활의 단꿈에 마냥 젖어 있을 순 없었다. 아버지께서 이 함정에서 빠져나오도록 세심하게 마음을 쓰는 것이 우선이라고 생각되었다. 일여덟 해만 집중해서 아버지를 모시면 집안의 행복을 지킬 수 있으리라 기대하며 하나님께 전적으로 매달렸다.

먼저 미신에 붙잡힌 굴레를 벗겨 드리고자 마음먹었다. 우리 식구들 중에 아버지만 외딴섬처럼 점복占卜에 매여 있었다. 생명을 주관하시는 하나님을 믿도록 아버지께 권유하여 교회에 출석할 것을 꾸준하게 말씀드렸다. 두 해 동안 뜸을 들이시더니 마침내 신앙생활을 시작하셨다. 할아버지 기제사를 추도 예배 형식으로 바꾸자, 숙부 삼형제가 합세하여 큰집을 찍어 험담을 했다. 심기가 몹시 불편했으나 아직 끝이 아니었다. 그 당시에 우리 집의 논농사라고는 문중 땅 열 마지기가 전부였는데, 종중宗中 시제 때 상차림을 주선하는 단서 조항에 묶여 있었다. 이제 생계가 달린

결단을 해야 한다. 온 가족이 기독교 신앙으로 하나 되어 생활 풍속이 달라졌는데, 묘사墓祀 음식을 장만하는 일을 수행하려니 몹시 께름칙하게 생각되었기 때문이다. 이쯤에서 문중 땅을 반납하는 것이 옳다는 깨달음이 들었다. 따지고 보면 식량으로 들어가는 돈이 그리 많지는 않다. 아버지께 사정을 아뢰고 간청하여 논농사를 짓지 않기로 승낙을 얻었다. 종중논을 내놓자마자 숙부들의 박해는 봇물 터진 듯했다.

"이제 큰집 식구들 길바닥에 나앉게 생겼구먼. 두고 봐라!"

독한 소문에도 아랑곳없이 맏이의 요청을 순순히 따라주신 아버지의 큰마음은 지금 되돌아봐도 더없이 고마울 따름이다.

그사이 우리 부부에게도 맏딸이 태어나고 새 생명을 얻은 기쁨으로 집안에는 웃음꽃이 피고 활기가 넘쳤다. 우리 내외는 교직에 종사하며 그 당시엔 성주군 가야산伽倻山 자락 시골의 면소재지에서 살림을 했다. 그곳에서 아이를 봐 줄 사람을 백방으로 수소문했으나 허사였다. 부득이 할머니께서 낯선 곳에 오셔서 증손녀를 키워 주셨다. 아내의 근무지인 학교 뒷담 곁에 셋집을 다시 얻었다. 부엌 딸린 방 두 칸짜리 집은 우리에게 손색없는 보금자리였다. 할머니는 아이가 보채어 달랠 길이 없으면 한창 수업 중인 교실까지 막무가내로 들어가서,

"애 젖 안 먹이고 뭐 하느냐?"

라며 손부를 난처하게 하신 추억은 여태 아련하다. 이윽고 두 살 터울로 아들이 태어나자, 할머니께서 증손 둘을 돌보기엔 기력이

부쳐서 어쩔 수 없이 할머니는 손을 놓아야 할 처지에 이르렀다. 할머니께서 고향 집으로 가신 뒤에 부모님이 손주 둘을 키워 주시려 객지살이를 기꺼이 감내하셨다.

고향을 벗어나 신문물을 만나고 적응하다 보면 아버지에게 새로운 삶의 의욕이 솟구치고 아홉수의 잡념은 잊히길 바랐다. 아버지는 하나님을 올바르게 섬기고자 종답宗畓을 반납했지만, 하나님께서 손주 농사를 짓게 해 주셨다. 후대를 키우는 그 기쁨과 보람에 겨워 세월이 가는지 오는지도 모르셨을 것이다. 아버지가 손주를 업고 집밖을 나서면 때로는 동네 사람들이,

"선생님, 오늘은 학교를 안 가셨네요?"

하며 인사를 건네기도 했다. 그 시절만 해도 아버지는 정정亭亭하셨고 내가 아버지를 많이 닮아서 벌어진 일화이다.

세월은 빠른 물살처럼 흘러갔고 막내가 태어나자 손자 하나를 더 얻은 기쁨에 부모님은 좋아하셨다. 큰애가 다섯 살 때 손주 셋을 데리고 부모님이 고향 집으로 들어가셔서 그곳에서 아이들을 키우기로 했다. 작은댁이 있기는 해도 할머니께서 홀로 지내시도록 너무 오래 둘 수 없는 까닭에서였다. 주말이면 우리 내외는 아이들 용품을 챙겨서 시골집을 들락거렸다. 남들은 농번기에 눈코 뜰 새 없이 골몰하는데 자전거에 손주를 앞뒤로 태우고 시골 장 구경 다니는 아버지를 두고 이웃들이 부러워하더라는 이야기를 아직도 자랑삼아 하신다.

그런가 하면 호사다마란 말처럼 어려움을 겪기도 했다. 아버지께서 대구에 볼일이 있어 출타했다가 대구역에 내려 택시를 탔는데 목적지에 거의 도착될 무렵, 그 택시가 시내버스와 충돌하는 바람에 머리를 다쳐 신경정신과 병원에 입원하셨다. 나는 아홉수의 망령이 떠올라 놀란 가슴을 쓸어내렸다. 다행히 경상이어서 일주일 만에 퇴원하셨다.

또 한 번은 장마철에 태풍이 지나간 뒤 고향 집 뒤안길의 감나무 아래로 전선이 처져 내렸는데, 아버지께서 무심히 낫을 잡고 전선을 걷어 올리려는 순간, 합선으로 굉음을 내며 불꽃이 일어 아버지는 그 자리에 정신을 잃고 쓰러지셨다. 낫자루가 비전도체인 나무로 만들어졌기에 무사했다. 하나님의 도우심이 아니고 무엇이랴. 호사好事도 하나님이 주신 것이요, '다마多魔' 때에도 하나님이 개입하여 피할 길을 내시니 그분의 은총을 어찌 감사하지 않을 수 있으랴.

장마철의 먹구름이 걷히고 해가 찬란하게 빛나듯 아버지의 아홉수는 그렇게 지나갔다. 나이로 쉰아홉은 동양적인 사고방식으로 보면 인생의 커다란 분기점이다. 환갑을 맞이하고 새로운 인생을 시작할 수 있을지, 말지를 가늠하는 터닝 포인트가 아닌가. 다행히 아버지는 하나님의 은총과 손주들 키우는 보람에 푹 잠겨 아홉수의 환난과 근심에서 벗어나셨다.

마침내 환갑잔치를 열었다. 참으로 감개무량했다. 1984년, 처서處暑 무렵이다. 고향 집 마당에 차일을 치고 멍석을 깔았다. 오전 열 시쯤부터 아버지 친구분들과 동네 사람들이 모여들었고 교회 손님과 내 직장 동료들이 많이 찾아주셨다. 손님치레를 하고 흥이 한창 무르익자, 우리 학교의 친목회장이 느닷없이 나더러 축가를 부르라고 했다. 조금은 당황했지만 분위기에 편승하여 이성봉 목사님이 가사를 붙인 「희망가(서로 사랑하자)」를 부르자 하객들이 박수로 화답해 주었다. 이어서 아버지를 업고 마당을 한 바퀴 돌라고 시켜 엉겁결에 아버지를 생전 처음으로 업어 드렸다. 이날 행사의 백미白眉였다. 남들은 알 턱이 없는 아홉수의 터널을 빠져나온 기막힌 사연이 있기에 그날의 잔치는 더욱 빛났다.

환갑을 달리 망칠望七이라고 부르며 칠십 밑자리 깔았다고 한다. 예순한 살에 닿으면 일흔까지 사는 것은 떼어 놓은 당상堂上이라 믿으면 된다. 시각視角을 조금만 달리하면 아홉수의 악연을 비켜 갈 수 있다. 칠순 이듬해를 망팔望八이라 한다. 역시 같은 셈법으로 팔십 밑자리를 깔았으니 여든 살까지 사는 것은 일없다고 반기면 그만이다. 이렇듯이 십 년 단위로 세월을 분절하여 희망을 걸고 단기적인 목표를 번번이 성공하다 보면 삶의 기쁨은 배가되고 거듭된 기쁨의 순간들이 쌓여 장수長壽의 복락으로 이어지는 것이리라.

아버지는 지난해 아흔일곱 번째 생신 축하 상床을 받으셨고 할머니의 향년享年을 넘어섰다. 마을에서나 교회에서나 이제는 당신이 원로이시다. 당신 슬하에서 키워낸 손주 셋이서 가정을 이루었고 집집마다 증손 둘씩, 여섯 명이 모두 초등학생이다. 후손들을 보살피는 즐거움과 고매한 신앙심으로 세월의 물살을 건너오신 아버지의 삶의 궤적이 존경스럽다. 하나님을 신뢰하며 환난을 견뎌낸 나의 아버지, 우러러볼수록 그 영혼이 자유로워 보이고 그 백발은 면류관 같다.

사과와 태양

뉴턴Newton은 하나님의 창조 법칙을 스스로 발견했으며, 독실한 청교도 신자로 알려져 있다. 스물네 살 때, 어느 날 사과나무 아래에서 책을 읽던 중 그의 머리 위로 사과가 하나 떨어진다.

"사과는 왜 아래로 떨어질까?"

당연함을 용인하지 않는 이 의문에서 위대한 발견이 시작된다. 뉴턴은 '중력重力'이라는 힘이 지구상의 모든 물체에 적용된다는 사실을 밝혀냈다. 그는 연구를 통해 우주의 모든 천체와 입자는 거리의 제곱에 반비례하고 질량에 비례하는 힘으로 서로를 끌어당긴다는 사실을 증명한 것이다. 이것이 우리가 알고 있는 중력으로, 우주의 모든 물체가 공통적으로 지니고 있는 힘이다. 바로 '만유인력'이라고도 부른다.

뉴턴의 신앙을 엿볼 수 있는 일화가 전해 온다. 어느 제자가 뉴턴이 있는 자리에서 하나님이 없다고 주장하자, "하나님에 대해서 불경不敬하게 말하지 말게. 나는 하나님에 대해서 연구하고 있다네."라고 말하며 무신론을 주장하지 못하게 막았다고 한다.

내 나이 갓 스무 살, 대학 시절의 일화이다. 뉴턴의 경우처럼 나도 기독교 신자가 되기 위해 하나님의 세계를 탐구하고 있었다. 때때로 반항하고 회의懷疑도 하며, 교회를 꾸준하게 출입하였다. 세례洗禮를 받고 올바른 믿음 생활을 하겠노라 서약을 했는데도 실생활 속에서는 부딪치는 일과 문제들이 꼬리에 꼬리를 물었다.

'나도 언젠가는 하나님의 존재를 인정하고 믿어질 날이 오겠지.'라는 한 가닥의 희망을 품고 내 의지를 불살랐다.

교회당에서 예배를 드리며 목사님의 말씀을 듣고, 찬양을 따라 부르고, 기도를 하면서도 반신반의半信半疑하였다. 이런 내밀한 사정을 다른 이들은 알 턱이 없다. 내 입을 열어 도움을 요청하지 않았고, 내성적인 성격에 남우세스러워 드러내지 않았기 때문이다. 어쨌든 혼자 해결해야 한다고 생각하였다.

1960년대 후반, 그 당시에는 부흥회 열풍이 일었다. 삼삼오오 친구들과 부흥회를 찾아다니며 은혜를 사모하였다. 한두 시간 걸어서 가는 길도 마다하지 않았다. 성경 말씀을 풀어헤치는 강사 목사님의 설교를 들으며 눈물을 흘리고 도전을 받았다. 교회 울타리 안에 남아있기만 하면 언젠가는 정말 큰 은혜를 체험하고 하나님의 음성을 듣든지, 비밀을 깨닫든지 신자다운 신자가 될 것이라 기대하였다. 성경을 읽으면 전체가 눈과 마음으로 들어오는 게 아니라, 재미있고 감동되는 이야기만 선별하여 관심을 가졌다.

일례로 십일조 헌금을 바치는 규정과 그 축복에 대해 누누이 강조하는 말씀을 들었다. 어느 가정에서 부인만 신앙생활을 했단다. 남편 몰래 수요일 밤 예배 시간에 교회당에 나오면서 그 부인이 쌀을 이고 온 것이다. 남편 눈에 발각되지 않으려면 낮보다는 밤 시간대가 용이했으리라. 돈을 마련하지 못해 실물로 십일조를 드렸다고 한다. 이 예화를 들으며 그 부인의 믿음에 감동하고 박수를 보내야 할 텐데 그 당시에 나는 속으로 언짢게 반응했다.

'남편의 동의도 없이 부당한 방법으로 십일조를 내야만 하는가?'

혼자서 끙끙 앓으며 문제를 해결하지 못하고 하나님께 내가 이해할 수 있는 답변을 달라고 매달리기도 했다. 한동안 쌀자루를 머리에 이고 성경책을 손에 들고 교회당으로 뚜벅뚜벅 걸어오시는 그 아주머니의 모습이 선연하게 떠올랐다.

그 당시 내 형편은 넉넉하지 않았다. 생활비 마련을 위해 과외수업을 할 일자리를 찾다가 천재일우의 기회를 잡았다. 선배의 소개로 우선 중학생 한 명을 가르쳤다. 한 달이 지나자 주인댁에서 수당 삼천 원을 주셨다. 일단 감사하게 받아서 사용처의 우선순위를 정해 보았다. 먼저 기숙사비가 이천오백 원이다. 나머지 오백 원이 용돈이다. 그런 와중에 십일조 드리기를 강조하신 목사님의 얼굴이 오버랩 되었다. 쌀자루를 이고 와서 십일조를 드린 아주머니 모습도 아른거렸다. 하나님의 법도에 순종하면 축복을 받는다는 확실한 약속을 시험 삼아 해 볼까 말까 망설여졌다. 처음부터 실행하지 못하면 평생 못할 수도 있다는 생각이 번뜩 스쳤다.

'그래, 어디 한 번 믿어보자.'

하며 제일 먼저 삼백 원을 십일조로 챙겨 놓으니 그렇게 마음이 평안했다. 생애 첫 십일조를 바치고 새로운 한 달 수업이 시작되는 날, 모임 장소에 가니 학생 세 명이 모여 있었다. 그 까닭을 물으니 친구 두 명을 데리고 온 것이다. 하나님의 말씀에 순종했더니 즉각 복을 부어 주심을 믿게 되었다. 그리하여 점차 한 걸음씩 은혜의 단계를 밟아가고 있었다. 나는 더욱 열성을 다해서 수업을 준비하고 정성껏 가르쳤다.

대학 생활 일 년을 보내고 방학을 맞이한다. 이학년 새 학기 등록금이며, 책값이며, 생활비를 합산해 보니 매월 받는 수당으로는 부족했다. 그렇다고 달리 아르바이트를 한 곳 더 뚫을 만한 계책이 없었다. 내가 다급하니까 목적을 두고 특별한 새벽 기도를 감행하였다. 부르짖는 내용의 골자는 단순했다. 학생들의 부모님을 감동시켜서 상여금을 제안하면 통과시켜 달라는 한 가지뿐이었다. 그때는 교회당의 차가운 마룻바닥에 엎드리면 머릿속의 생각은 분명한데 목청과 입안에서 말소리를 만들어 내지를 못했다. 입술만 달싹거리며 실컷 울다가 오기 일쑤였다. 한 달을 울며불며 기도한 뒤에 어느 날 수업을 마치고 학생의 어머니에게 면담을 요청하고 사정을 아뢰었다. 그 어머니의 첫마디를 듣고 나는 내 귀를 의심했다.

"학생, 그렇게 어려우면 진작 이야기를 하지 그랬어."

그 어머니의 말씀은 바로 하나님의 응답이었다. 그렇게 하여 이학년에 진급하고 대학 공부를 이어갈 수 있었다. 신앙생활의 재미도 나날이 더해 갔다.

어느 날 오후, 시내버스를 타고 과외 수업을 하러 가는 길이었다. 대구역 근처를 달리는 시내버스 안에서 시가지 풍경을 내다보며 흔들리는 몸을 지탱하고 있었다. 서쪽 하늘을 물끄러미 바라보는데 너무나 신기한 모습에 놀라서 하마터면 소리를 지를 뻔하였다. 빨간 사과 한 알이 허공에 매달려 있는 게 아닌가!

'저게 어떻게 공중에 매달려 있는가?'

'누가 저 붉은 태양을 공중에 걸어 두었는가?'

대구시 침산동 오봉산 위에 저녁 해가 지기 전의 모습이 그토록 아름다워 보였다. 일상적으로 대하던 태양이 아니었다. 그 순간의 감격스러움은 나 혼자만의 특별한 은총이리라. 수많은 언어를 끌어와도 설명하지 못하겠고, 한꺼번에 와락 쏟아지는 벅찬 마음을 글로도 나타낼 수는 없으리라.

"태초에 하나님이 천지를 창조하시니라."(창세기 1 : 1)

비로소 하나님이 천지를 창조하셨다는 말씀이 그 순간 믿어지기 시작했다. 사람이 공중에 태양을 매달아 놓을 수 없다면 그 일을 하신 이는 오직 하나님뿐이라고 인정할 수 있었다. 하나님의 영원하신 능력과 신성神性을 만물을 통해 분명하게 보여 주셨으므로 아무도 핑계하지 못하게 해 놓으셨는데, 내가 깨닫지 못하고 내 의지로만 견디어 오다가 하나님께서 사랑과 은혜를 부으심으로써 천지를 지으신 하나님을 받아들였다.

기독교에 입문한 지 사 년이 흘러서야 그토록 고대하던 신자의 길에 합류한 것이다. 성경을 읽으면 그 말씀이 통째로 마음속에 심겨지는 듯했다. 의심의 구름이 개고 해같이 빛나는 새 삶을 살아가게 되었다. 사과처럼 붉고 둥근 그날의 태양! 그것은 청년 시절의 방황과 혼란에서 나를 바로 세워 준 하나님의 자연 계시啓示요, 나를 구원으로 인도한 잊지 못할 한 폭의 영상으로 남아 있다.

벌떼의 기습奇襲

사회에 첫걸음을 내딛는 날의 설렘을 누구나 잊을 수는 없으리라. 나는 사범대학을 졸업하자마자 경상북도 중소 도시에 있는 ○○여자중학교 교사로 발령받았다. 1971년 3월 2일, 눈이 내렸다. 교문을 들어서는데 청순한 여학생들의 까만 교복에 눈송이가 내려앉고, 까만 우산 위에도 흰 눈꽃이 떨어지고 있었다. 분명히 서설瑞雪이었다. 하나님이 직장 생활의 첫날을 축복해 주는 듯했다.

교직원 스물일곱 명 중 나는 새내기 막내로서 사랑을 받으며 가르치는 일과 업무를 익히느라고 분주하게 보냈다. 봉급을 받아 생활의 안정을 기할 수 있음이 기뻤다. 객지 생활이다 보니 하숙집을 구해서 숙식을 해결했고, 출석할 교회도 정했다. 마침 고향교회를 담임했던 목사님이 이곳에 시무하고 있었다. 일면식이 있는 터라 목사님을 찾아가서 인사를 드리고 주일 예배며, 수요일 밤 예배에도 참석하였다.

교사 신분이니 당연히 교회학교 교사를 맡아서 주일마다 봉사했다. 일 년 지나자 서리집사 직분을 맡아 재정부에 소속되어 장부 기재하는 업무를 도왔다. 다만 은행 볼일은 재정담당 권사님이 하셨다.

제직회가 열린 어느 날이었다. 목사님께서 교회당 수리 공사를 거론하시면서 집사 이상 직원들이 개인당 일십만 원씩 헌금을 내야 한다고 일러 주신다. 그 말씀을 듣는 순간 나는 몹시 언짢았다. 돌아서서 곧장 속마음으로 투덜거렸다.

'내가 원하지도 않은 집사 직분을 맡겨서 헌금을 강요하는 것이 옳은 일인가?'

그 당시의 믿음으로는 수용할 수 없는 수위의 헌신을 제의받은 것이다. 이 일을 두고 혼자서 밤낮으로 속을 끓였다. 그러다가 주일 예배를 거를 때가 있었고 수요일 예배를 통 나가지 않았다. 그러자 목사님께서 심방을 오신다. 하숙집을 찾아오신 것이다.

"김 선생, 방에 있는가?"

목사님을 뵙자 교회 출석을 권유하는 말씀을 하신다. 나는 정작 속에 감춘 불만을 토로하지는 않았다. 그때는 속마음을 나눌 정도의 공감대rapport가 이루어져 있지 않았기 때문이었다.

한번 뒤틀어진 내 마음 상태는 회복은커녕 점점 내리막길로 내달았다. 목사님께서 심방 오실 때쯤 되면 하숙집을 비워 두었다. 다른 용무를 만들어서라도 밖으로 나돌았다. 그런 날은 밤늦게 돌아오면 대문이 잠겼다. 하는 수 없이 담을 넘어 들어갔다. 이런 행위를 두고 친구들끼리는 간밤에 월장越牆했다고 놀렸다. 이튿날 아침이면, 하숙집 주인이 목사님이 다녀가셨다는 인사를 전하곤 했다. 그래도 나는 미안한 마음도 안 가졌고 흘려듣고 말았다.

어느 날 출근하자마자 교장실에서 호출이 떨어졌다.

'무슨 일일까?'

혹여나 업무에 실수가 있어서 불리어 가는 것은 아닌지, 적이 긴장하며 갔더니 교장실에는 뜬금없이 목사님이 와 계셨다. 목사님은 교장선생님 앞에서 나에 대한 칭찬을 늘어놓으셨다. 너무 죄송해서 목사님의 얼굴을 쳐다볼 수조차 없었다. 목사님은 교장실을 나서면서 한 번 더 교장선생님께 나를 잘 보살펴 달라고 정중하게 부탁을 하시었다.

며칠 지난 어느 날 밤이었다. 꿈을 꾸었다. 악몽이었다. 내 방 안의 벽에 큼직한 벌집이 있는데, 거기서 벌떼가 일제히 나를 공격해 오는 것이다. 이리저리 뒹굴며 벌떼를 쫓아내느라고 혼이 났다. 나를 도와주는 이도 없었다. 잠을 깨니 무서움이 온몸을 엄습하였다. 잠시 후 정신을 차려 보니 이렇게 무사한 현실이 오히려 감사했다.

목사님의 훈계를 듣지 않고 더 버티다가는 내가 천벌을 받을 것 같은 예감이 들었다. 서너 달 동안 겉돌던 마음을 다잡고 다시 교회당 내 자리로 돌아가야만 목사님의 끈질긴 사랑에 보답하는 길이라 생각되었다. 그다음 주일 예배부터 나는 하나님의 긍휼을 바라며 섬김의 내 자리에 복귀하였다.

한편 그해 가을에 예정된 대로 나는 입대 영장을 받았다. 내년 봄이면 입대한다는 생각을 하니 학교 업무나 교회 직분이나 소홀히 할 수 없었다. 아무에게도 내색을 않고 정진하였다. 입대하기 전에 어머니의 틀니를 해 드려야 한다는 계획이 서 있었다. 그래서 매월 적금을 넣고 있었다. 연말에 적금을 타는데 공교롭게도 일십만 원이다. 액수가 일치되지 않았다면 좀 더 마음이 편했을까? 교회에 헌금할 액수와 정확히 일치한다.

'어머니 틀니가 먼저냐, 하나님 앞에 헌금이 우선이냐?'

누구와도 상의하지 않고 내 스스로 결단해야 할 문제라고 생각했다. 근 한 달 동안 골똘하게 고민하였다. 쉽사리 결론을 내지 못하였다. 그러던 중 성경을 읽다가 한 구절에 눈이 머물렀다.

"자녀들아, 주 안에서 너희 부모에게 순종하라."(에베소서 6 : 1)

이것이 하나님의 응답이었다. 고민과 걱정은 끝났다. 주님의 일이 우선이고, 부모님은 다음 순위라는 것을 확인하였다. 그것이 하나님의 뜻임을 믿을 수 있었다.

성탄절 무렵이었다. 한 해 동안 정성껏 부어 온 적금을 탔다. 그날 저녁 일십만 원을 봉투에 담아 교회 사택을 찾아갔다. 목사님을 뵙고 늦었지만 교회당 수리 헌금을 가져왔으며, 내년 봄에 입대한다는 사실을 통보하였다. 목사님께서 헌금을 받으시고는 내

머리 위에 손을 얹으시고 축복 기도를 해 주셨다. 나는 흐르는 눈물을 주체할 수가 없었다. 믿음이 부족하여 처음부터 순종하지 못한 죄스러움과 목사님을 멀리하며 고의적으로 예배를 참석하지 않았던 무례함을 속죄하는 눈물이었다.

다음 해 삼월, 나라의 부름을 받았다. 정든 학교와 선생님들, 수많은 제자들과 작별하고 떠나자니 차마 발걸음이 떨어지지 않았다. 믿음의 둥지인 교회와 목사님, 성도들과도 헤어지려니 섭섭함이 치밀어 올랐다. 교인들 앞에서 작별 인사를 하는 날, 특별 찬송을 하였다.

사철에 봄바람 불어 잇고 하나님 아버지 모셨으니
믿음의 반석도 든든하다 우리 집 즐거운 동산이라.
어버이 우리를 고이시고 동기들 사랑에 뭉쳐 있고
기쁨과 설움도 같이하니 한간의 초가도 천국이라.
아침과 저녁에 수고하여 다 같이 일하는 온 식구가
한 상에 둘러서 먹고 마셔 여기가 우리의 낙원이라.

객지에서 가족처럼 사랑해 주신 성도들한테 고마움의 마음을 노래로 표현해 바쳤다. 그리고 나의 삶은 가정과 학교, 그리고 교회 이 세 곳이었는데, 이제 국방의 의무를 다하고자 떠나니 부디 기도를 많이 해 달라고 요청하였다. 그리곤 모든 짐을 꾸려서 입대 전날 고향 집에 왔다.

고작 하룻밤을 부모님 곁에서 보내고 입대하였다. 집결지 부대로 떠나는데, 그 당시만 해도 군대에 가는 것을 고생길이라 여겼던 터라 어머니는 한없이 우셨다. 나는 어머니의 틀니를 해 드리지 못하고 잠시 헤어지는 것을 안타까워하면서 속절없이 따라 울었다. 그래도 얼마나 다행한가! 벌때의 기습을 꿈속에서 경험한 뒤로 하나님의 품 안으로 돌아와 신앙심 회복하고 짧은 직장 생활을 말끔하게 마무리하고 목사님의 축복 기도를 받으며 새로운 삶의 현장, 병영 생활을 시작하게 되었으니 이 모든 것이 하나님의 은혜였음을 고백하게 된다.

격랑을 헤쳐 온 증인

누구에게나 삶의 일대기는 소중하다. 나를 낳으시고 길러주신 부모님의 생애는 자식들에게는 삶으로 쓴 교과서와 진배없다. 이제 연세 드시고 기력이 예전만 못하신 부모님을 뵐 때마다 고마움과 존경심이 우러나온다. 특히 가장으로서 책무를 이행하려고 골몰하신 아버지의 모습을 지켜본 장남의 감회를 가족들과 후세대에게 전수하려 한다.

나의 아버지는 일제 치하에서 1924년 음력 7월 29일(양력 8월 29일) 6남매 중 맏이로 태어나셨다. 할아버지 대에 지금 살고 있는 초가집을 흙벽돌로 지으셨다. 집을 지을 때 아버지께서 심부름을 하셨다니 일여덟 살 전후일 것이다. 그렇다면 우리 집 건물은 대략 90년 정도 된 것으로 추정할 수 있다. 그동안 새마을 사업의 일환으로 슬레이트 지붕으로 개량하였고, 다시 기와지붕으로 고쳤다. 자녀들의 효행이 이어져 부엌을 현대식으로 바꾸고 화장실에도 양변기를 들여놓았다.

아버지는 면소재지에 있는 외서초등학교를 1942년(소화 17년)에 졸업하시고, 그해 3월에 곧바로 일본인 '아라이' 교장선생님의 추천을 받아서 외서면 갈골리 소재, 서부초등학교(외서초등학교의 분교)에서 교사로 근무하셨다. 담당 과목은 일본어였으며, 낮에는 아동을, 밤에는 어른을 가르쳤다. 아버지의 말씀을 듣고 보니, 나의 선생님 DNA는 아버지로부터 직접 물려받았음을 알겠다.

아버지는 1942년 11월 20일(18세) 결혼하셨다. 신부는 당시 19세, 어머니의 친정은 은척면 두곡리, 관향은 남양 홍洪씨이다. 손자인 내가 어머니 태중에 있을 적에 할아버지는 숙환으로 별세하시고, 나는 외할아버지의 사랑을 듬뿍 받으며 자랐다. 나중에 호적등본을 떼어 보고 알게 되었는데, 아버지와 어머니의 혼인 신고 일자는 1950년 1월 6일이다. 그동안 무슨 일이 있었을까? 도무지 풀리지 않는 수수께끼이다. 아마 아버지께서 할아버지의 병간호에 골몰하셨고, 호주 상속(1946년 8월 6일)을 하신 뒤로는 집안의 많은 빚을 갚기 위해 동분서주하며 일감을 찾아 헤맸을 것 같다.

아버지는 1944년 징병 관계로 학교 근무를 그만두신다. 기마병 보직을 받아 소 타기 연습을 하던 중 떨어져서 허리와 다리에 부상을 입기도 하셨다. 그 부상으로 인해 다행히 순번이 늦어져 징병 소집일(1945. 8. 17) 직전에 광복을 맞아 춤을 추며 좋아하셨다니 천운天運이 따로 없다.

해방 이후 아버지는 두 해(1947~1948년) 동안 상주군 사방관리소에 근무하면서 양정면 일대에서 산림 사업에 종사했다. 6·25 동란이 발발하고 아버지는 1953년 3월 5일, 29세 나이로 군에 입대하셨다. 아버지의 군번은 9414383번이시다. 제주도에서 3주 훈련을 마치고, 강원도 속초 25사단에 복무하셨다. 중대본부에서 서무계 보직을 받아 충성하시다가 휴전을 맞이하였다.

아버지는 군부대 자체 신체검사에서 전투 불가능자로 판정받아 경주 육군병원으로 이송되었고 1954년 코의 질병을 앓았다. 그때 작은외삼촌이 위로차 면회를 왔는데, 마침 당시 군의관 금석구 대위는 외가 마을(은척면 무릉) 사람이었으며, 작은외삼촌과는 친분이 있어서 안내를 잘 받았다고 술회하신다. 다행히 아버지는 1954년 2월 17일, 병역법 제20조에 의해 제18육군병원에서 의가사제대를 하셨다. 제대할 때 계급은 일병이었으며, 군대 생활 11개월 만에 오매불망 걱정하던 가족의 품으로 돌아오신 것이다.

제대 이후에 아버지는 1955~1958년 3년간 관동리 이장으로 섬기셨다. 워낙 필체가 좋으시고 한학에 밝아서 마을의 민원을 잘 처리해 주어 칭송을 들었다. 심지어 경상북도에서 가정의 달 행사의 일환으로 추진하는 효부상賞에 동민을 추천하고 공적 사항을 대필하여 수상자를 여럿 내셨다.

특별한 일화는 교회 출석에 관련된 이야기이다. 1960년 초 어느 날 밤에 술을 끊기 위해 스스로 교회를 찾아가셨다. 당시 여자 전도사님이 시무하였는데, 교인 좀 만들어 달라고 부탁을 드렸다고 한다. 내가 기독교 가문을 열었다고 생각하고 있는데, 아버지의 말씀을 듣고 깜짝 놀랐다. 아버지께서 먼저 믿음의 씨앗을 뿌리셨다. 물론 아버지는 이내 술을 끊으셨다.

그 이후로 고향 관동교회에 담임목사님이 부임하신다. 박○현 목사님과 정○섭 목사님께서 시무하던 시절 교회 출석에 조금 열심을 내셨다. 1970년 이○일 목사님이 부임하자, 꾸준히 교회에 다녔어도 반신반의하는 믿음의 단계였다. 내가 결혼하고 기독교 가정으로 거듭나기 위해 아버지께 간곡히 아뢰어서 1978년 조상 제사를 추도식으로 바꾸고, 종답을 반납하고 시제를 그만두었다.

아버지는 더욱 신앙생활에 열심을 내시고 1982년 김○봉 목사님이 시무할 때 본격적인 신자가 되셨다. 1983년 집사 직분을 받았고, 1990년 윤○훈 목사님이 시무할 때 남전도회 회장을 맡아 봉사하기도 했다. 1984년 회갑을 맞아, 본가에서 친척 및 동민, 교회 성도들을 모시고 회갑연을 배설하고 음식을 접대하였다.

그러시다가 어느 날 관동교회 남○균 목사님이 우리 집에 와서 구역예배를 드린 자리에서,

“집사님은 아들이 장로인데 아직까지 담배를 피우면 본이 안 된다.”

라고 권유하시자 그날 당장 담배를 처분하고 단호하게 끊으셨다.

당시 연세가 72세 때이다. 아버지의 결단력을 후손들은 길이길이 본받아야 하겠다. 한편, 1997년 12월부터 2004년 연말까지 관동 교회의 상조계 총무 및 회장으로 헌신하셨다.

아버지는 김대중 대통령 시절에, 6·25 전쟁에 참전하여 자유민주주의를 수호하고 국가 발전에 헌신한 공로를 인정받아 2002년 3월 9일, 참전용사증서를 수령하셨다. 아버지는 매우 흐뭇하게 여기셨다. 또한 이명박 대통령 시절에는 한국전쟁 참전 용사를 국가유공자로 대우함에 따라 2008년 9월 29일, 국가유공자증서를 수령하시고 대단히 감격해하셨다.

이것이 전부가 아니다. 아버지는 6·25 전쟁 정전 60주년을 맞아 2013년 10월 19일, 국가보훈처장으로부터 호국영웅기장증과 훈장을 받으셨으니, 두고두고 가문의 영광이 될 것이다. 연세 91세(2014. 12) 때는 당신께서 전립선 비대증을 수술 받으셨다. 구미 순천향병원에서 24일간 입원해 계시고 간병인을 구하기 어려워 결국 자녀들이 며칠씩 휴가를 내어 간호한 것은 정말 자랑스럽다.

아버지 슬하에 5남매를 두셨는데, 장남인 내 밑에서 손주와 증손을 모두 합하여 식솔이 14명이요, 장녀에게 딸린 후손이 7명이요, 차녀에게 딸린 식솔이 8명이요, 차남에게서 6명이요, 마지막으로 삼남에게서 4명이다. 모두를 합하면 39명의 자손을 거느리신 복 받은 어른이시다. 지금도 나는 아버지께 일삼아 노래하듯 말씀을 고한다. "장수長壽는 하나님의 축복"이라고. 그리고 "후손의 번창을 보시며, 후손을 위해 기도하는 일이 아버지의 하실 일"이라고 말씀을 올린다.

"아버지 어머니, 사랑합니다."

부디 무병장수無病長壽하시기를 기원드립니다.

희망이라는 이름의 선물

희망에 관한 격언 가운데 "구름 뒤에도 태양은 빛나고 있다(Behind the cloud is the sun still shining)."라는 말이 있다. 어찌 보면 지극히 평범한 자연의 이치인데, 곰곰이 씹을수록 의미의 맛은 강하다. 중학교 2학년 때 국어선생님은 독후감을 써 오라고 숙제를 내셨다. 나는 학교 도서관에서 『노인과 바다』를 빌려 읽었다. 책 한 권을 다 읽고 가슴에 새긴 핵심 단어는 '희망'이었다.

내가 인생의 큰 선물을 소년기에 받은 것은 더할 나위 없는 행운이었다. 왜냐하면 희망은 미사일의 핵탄두에 장착된 자동 조절 프로그램과 같아서 누구든지 희망을 품으면 인생의 목표점을 찾아가도록 희망이 그 사람을 제어해 주기 때문이다.

주인공 '산티아고' 노인은 84일째 고기를 잡지 못하다가, 85일째 먼바다에 도착해 마침내 청새치 한 마리를 잡는다. 그러나 청새치가 너무나 거대해 도리어 노인이 탄 돛단배를 끌고 가는 형국이 된다. 이틀 동안 자기 몸으로 그물을 지탱한 채 청새치에게 끌려다니며 사투를 벌이다가 3일째 날에 남은 힘을 다해 지쳐 있는 청새치를 작살로 찌른다.

노인은 그놈을 좋은 값에 팔 수 있으려니 기대한다. 하지만 이번에는 피 냄새를 맡은 상어들이 몰려온다. 노인은 몇 차례의 싸움 끝에 간신히 상어를 물리치지만, 항구로 돌아온 그의 배에는 결국 청새치의 대가리와 뼈만 앙상하게 남아 있었다.

평소 노인을 잘 따르던 소년 '마놀린'은 노인이 무사하게 돌아온 것을 보고 안도의 눈물을 흘린다. 노인은 소년과 함께 다시 고기잡이에 나서기로 약속한다.

노인이 청새치와 삼 일간 사투死鬪를 벌이면서 자주 독백을 내뱉는다. 거친 바다에서 외로움을 이겨내고 자기 의지를 굳세게 만들기 위함일 게다. 그중에서,

"사람은 패배를 위해 태어난 것이 아니야, 사람은 파멸당할 수 있지만, 패배하지는 않아."

라는 말이 마음에 닿았다. 노인은 죽을 고비를 맞으면서도 고기잡는 일을 포기하지 않는다. 나중에 알게 되었지만, 그는 파멸과 패배를 구분해서 말한다. 혹자는 규정하기를 파멸은 물질적인 가치를, 패배는 정신적인 가치를 지칭한 것이라고 한다. 우리는 간

혹 물질은 손실을 보더라도 정신의 자산을 끝까지 지켜야 하리라.

또 하나 명대사를 찾자면,

"희망을 잃어버리는 것은 틀림없는 죄악이다."

라는 문장이다. 노인은 비록 청새치라는 대어를 낚았지만, 귀항길에 상어에게 고기 살점을 다 내어주고 노력의 값은 물거품이 된다. 하지만 그는 결코 좌절하지 않고 다시 바다로 나간다. 오늘은 운이 따를지 누가 알겠는가? 노인은 하루하루가 새로운 선물이라는 믿음을 갖는다.

내가 대학교 입학했을 당시, 거주할 곳을 구하느라 전전긍긍했었다. 내 눈에 들어온 대구 시가지는 거센 풍랑이 이는 바다였다. 나는 거처를 찾아 일곱 차례를 옮겨 다녔다. 육촌 누이한테 한 달간을 얹혀살았고, 오갈 데 없어 강의실에서 이틀 밤을 지냈으며, 초등학교 동창생이 일하는 술도가 문간방에서 근 한 달 동안 신세를 지기도 했다. 문득문득 산티아고 할아버지가 외치던 독백이 떠올랐다. 사람은 패배하기 위해 태어난 것이 아니라는 그 말이 천둥소리가 되어 내 귓전을 때렸다.

마지막 보루처럼 남겨두었던 외삼촌댁에서 두 달을 보내다가 눈칫밥의 의미를 알게 된 이후, 자취하는 고교 동창생과 함께 지냈다. '생계'라는 거대한 청새치를 잡으려고 출렁거리는 세상 파도에 실려 지인들을 찾아 헤매었다. 그해 가을에 입주 가정교사로 들어갔으나, 마음이 편하지 못해서 스스로 그만두었다. 결국 캠퍼스 안에 있는 기독교학생회관에 입사하니, 여기가 내 집 같은 안식처였다. 산티아고 노인이 소년 '마놀린'과 자주 나누던 야구 이야기에서 홈베이스는 바로 가정이 아니던가. 가정과 같은 홈베이스에 안착해야만 점수를 얻고 환영받기 때문에 주자走者들이 얼마나 열심히 그곳을 향해 달리던가.

나의 좌우명이 된 책 속의 한 문장은 "희망을 잃어버리는 것은 틀림없는 죄악"이란 그 말이다. 그룹 과외 지도를 하면서 용하게도 나는 대학을 졸업했다. 선생님이 되기 위한 학과 공부를 소홀히 하여 교수님의 안중에는 들지 못했다. 내게는 성적보다 학비와 생활비를 벌어들이는 것이 초미焦眉의 관심사였기 때문이다.

그런데 놀라운 일은 대학 4학년 교생실습 때 일어났다. 내가 연구수업 담당자로 지명되어 3학년 후배들과 동료들, 그리고 모과母科 교수님 모두를 모신 자리에서 수업 시연을 하였다. 그때 한 시간의 수업을 참관하신 주임교수님께서 강평 시간에 나를 칭찬을 하시면서 새롭게 평가해 주셨다. 교수님은 말씀 중에 학생들을 가르치는 교수 능력은 성적과 비례하지 않는다는 한마디를 보탰다. 희망의 줄을 끝까지 잡았기에 내게도 늦게나마 지도교수님께 인정받는 행운이 찾아왔다고 회상하게 된다.

나는 직장인이 된 이후에도 『노인과 바다』 책자에서 영향 받은 희망과 긍정의 핵심 가치를 생활에 적용시켰다. 스스로 구상해 낸 '삼절三絶' 운동을 꾸준하게 실천한다. '삼절'이란 절대 희망,

절대 긍정, 절대 감사 등을 일컫는다. 나부터 이를 실천하고, 요즈음은 가족을 넘어서 인성 교육을 할 때 학생들, 학부모님들, 그리고 일반인들에게도 누누이 강조한다. 희망과 긍정을 나눠 주는 전도사 역할을 하고 있다.

삼절 운동을 펼친 이후로 나는 가족들이 무슨 말을 해도 토를 달지 않고 그대로 수용하는 편이다. 지금도 내 책상 앞에는 "가장 위대한 전략은 결코 포기하지 않는 것이다."라는 또 하나의 좌우명이 붙어 있다. 또한 어떤 일을 당해도 선하게 해석하여 내 마음을 달래고 주변 사람들을 위로하며 감사할 수 있는 힘을 지니게 되었다.

끝으로 한 가지 첨언하면, ○○중학교 교장 시절에 폐교 위기에 몰린 학교를 되살리는 방안으로서, 전교생(46명)을 대상으로 독서 운동을 전개했다. 그 까닭은 내가 중학교 시절에 좋은 책 한 권을 잘 읽은 덕분에 인생을 성공적으로 가꾸어 올 수 있었기 때문이다.

꿈이 필요한 시골 학생들에게 각자의 장래 희망을 정하게 한 뒤, 엇비슷한 희망들을 묶어 꿈 동아리를 만들어서 8개 그룹에 지도교사를 정해서 맡겼다. 그리한 다음, 동아리별로 희망을 가꾸어 가기 위한 도서 목록을 작성하게 하고 선생님들이 신청한 책 500권을 한꺼번에 구입하여 도서관이 아닌, 교실에 비치해 두고 학생들이 손쉽게 읽도록 했다.

정말 반응이 좋았고 성과는 놀라웠다. 그해에 경상북도교육청에서 주관한 혁신 우수 사례 공모전에서 본교의 사례가 최우수상을 받았다. 나는 독서의 힘을 삶으로 확인했고, 책이 사람을 만든다는 그 말을 믿으며, 또한 희망이 사람을 살린다고 확신한다.

동유럽 성지 순례와 발칸반도 여행기

창천감리교회 창립 113주년 기념, 종교개혁지 성지 순례와 발칸 여행에 동참하게 된 것은 온전히 하나님의 은혜였다. 우리 사위와 딸은 대학생 시절부터 창천교회에서 신앙생활을 해 오던 중, 하나님의 인도하심으로 사랑을 서로 확인하고 결혼하여 아들 형제를 낳아 기르며 지금은 직분을 맡아 섬기고 있으니, 부모로서는 창천교회가 더없이 고마울 따름이다. 이번 성지순례를 권유받고 선뜻 참여하기로 결정하고서 두 달 남짓 준비하며 마음은 엄청나게 설레었다.

드디어 인천공항에서 집결하여(9월 16일, 오전 7시 30분) 일행 22명은 주님 안에서 안부 인사를 나누고 하나님께 감사와 동행 및 안전을 요청하는 기도를 드린 후에 출국 수속을 밟았다. 체크인 하고 일행은 '핀에어Finnair' 편으로 헬싱키를 거쳐 프랑크푸르트로

가는 노선에 몸을 실었다. 기내에서 일박하고 헬싱키에서 다음 비행기를 기다린 세 시간을 합쳐 장장 열네 시간 만에 목적지 땅을 밟을 수 있었다.

현지에 당도하니, 크로아티아 관광버스를 타고 13일 동안 유럽 5개국(독일→체코→오스트리아→슬로베니아→크로아티아)을 순례하는 대장정이 기다리고 있었다. 호텔에 묵고 나면 아침마다 여행 가방을 챙겨 떠나야 했다. 마지막 호텔에서는 이틀을 기거했어도 무려 열 번이나 짐을 싸는 바람에 여행의 실감을 진하게 느꼈다. 매일 일만 보 이상을 걷는 강행군이었으나 일행들의 영력과 체력은 정말 놀라웠다.

흔히 여행은 아는 것만큼 보고 온다고 했다. 세 차례의 사전 연수를 받고 기도로 준비했기에 일행 모두에게 믿음을 새롭게 하는 더없이 좋은 기회라고 생각했다. 보고 듣고 느낀 수많은 경험과 묵상을 묶어 신앙, 인물, 자유, 환경 등 네 가지 관점에서 소감을 나눈다.

우리는 믿음의 거장, 마틴 루터Martin Luther를 만났다. 루터의 종교개혁 정신을 이어받고 각자 믿음의 현주소를 점검하는 의미 있는 체험이었다. 아이제나흐로 이동하여 바르크부르크 성에 있는, 루터가 신약성경을 번역했던 방에 들어서니 벽에 걸린 그의 얼굴에는 깨어있는 정신이 살아있는 듯했다. 중세에는 사제들의 손에만 성경이 있었다. 무지한 성도들을 일깨우기 위해 그는 라틴어로 적힌 성경을 독일어로 번역하여 성경을 교인들의 손에 들려주었다. 이렇게 귀하고도 소중한 성경을 더 많이 읽고, 묵상하고 말씀을 따라 살리라 다짐했다.

에르푸르트 도시로 옮겨 루터의 흔적을 살펴본다. 그가 수도사 생활을 했던 아우구스티나 수도원을 둘러보았다. 그는 광부의 아들로 태어나서 법학을 공부하는 꿈을 가졌으나 신학을 공부하여 신부가 되기로 진로를 바꾼 계기는 '벼락 체험'이다. 비가 무척 쏟아지는 어느 날, 루터는 친구와 함께 길을 걷다가 갑자기 벼락에 맞아 친구가 불타 죽는 것을 목격한다. 얼마나 두렵고 놀랐을까! 그 후 루터는 신학을 공부하여 수도사 생활을 하다가 이곳에 있는 대성당에서 신부 서품을 받았다. 우리는 대성당에 들어가서 기도하며 루터의 정신을 흠모했다.

라이프치히에서는 니콜라이교회를 순례했다. 이 교회는 루터가 방문하여 유명해진 교회이다. 1539년 당시 루터는 유스투스 요나스 1세와 함께 이곳에서 설교를 하게 되었고 그로 인해 종교개혁의 불길이 타올랐다고 알려져 있다.

비텐베르크 대학에 이르니 감회가 깊었다. 루터가 500년 전(1517년 10월 31일), 당시 천주교의 부패상에 대해 95개조의 반박문을 이 대학 '성 마리엔 교회'의 정문에 내걸었고, 이를 도화선으로 종교개혁이 시작되었다. 신부가 된 뒤에도 그는 '죄에서 자유를, 죽음에서 생명을' 찾아내는 답을 얻지 못해 괴로워한다. 고행과 수련 및 금식, 수많은 기도로써도 답을 찾지 못하자 교황청이 있는 로마로 간다. 당시 로마에는 베드로 성당을 지어놓고 재정을 해결하지 못하여 면죄부를 판매하고 있었다. 면죄부를 사면 연옥에 있는 가족을 천국으로 옮길 수 있다고 현혹하던 시대, 심지어 사제 서품까지 돈으로 살 수 있었던 시대에 항거했다. 그의 항거는 온건했다. 남을 쳐서 바꾸는 혁명이 아니라, 자신을 쳐서 바꾸는 개혁이었기에 저절로 고개가 숙여졌다.

로마에서 크게 실망한 루터는 다시 수도원으로 돌아온다. 수도원 옥탑에 있는 방에서 성경을 묵상하다가 "오직 의인은 믿음으로 말미암아 살리라."(로마서 1 : 17)는 구절에서 은총을 경험한다.(1512년) 하나님에 대한 관점이 바뀌는 소중한 체험이었다. 루터는 교황이 인간의 죄를 사한다는 근거를 성경에서 찾지 못했다. 벌을 주고 심판하는 하나님이 아니라 사랑과 은혜의 하나님으로 인지하게 된다. 이를 '옥탑방 체험'이라 부른다. 종교개혁의 원동력이 되었다.

루터 하우스에서 느낀 점은 특별하다. 루터가 임종(1546년, 63세) 때까지 생활했던 곳이다. 지금은 박물관으로 꾸며져 있다. 우리는 루터가 지은, "내 주는 강한 성이요, 방패와 병기 되시니"라는 찬송을 힘차게 부르며 순간 루터의 사람이 되었다.

루터의 발자취를 돌아보면서 나는 오직 십자가 믿음을 회복하고, 성경으로 돌아가서 모든 판단의 기준을 성경에서 찾으며, 날마다 자신을 새롭게 개혁해야 한다는 종교개혁의 본질을 깨달았다.

이번 순례에서 시대를 바꾸는 주연 인물 곁에는 하나님께서 돕는 자를 붙여준다는 사실을 새삼 알게 되었다. 루터가 종교개혁을 이룰 수 있었던 데에는 그를 도와준 인물이 있었다. '프리드리히' 왕, 아내 '폰 보라Von Bora', 친구 멜란히톤Melanchthon, 루카스 크라나흐Lucas Cranach 시장 등이다. 모두 루터가 죽은 줄 알았지만, 프리드리히 왕이 나서서 그를 구출하여 변장시켜 바르크부르크 성에 칩거하면서 신약성경을 번역하도록 지켜주었다. 아내 보라는 진정한 신앙생활을 위해 수도원을 탈출한 수녀이다. 다섯 자녀의 성실한 어머니요, 개신교 첫 번째 사모로서 험한 일을 마다 않고 남편을 진정으로 도와준 배필이다. 루터 하우스 앞마당에 서 있는 보라의 동상 곁에서 나는 마음이 짠했다. 교수로서, 그의 절친한 친구였던 멜란히톤은 가까이 살면서 루터에게 그리스어를 가르쳐 주었고 종교개혁을 열렬히 지지했으며 후에는 루터의 신학을 이어간 사람이다. 크라나흐 시장은 약국을 경영하던 재력가요, 루터의 교리에 동조하고 성화를 그리는 화가였다. 따지고 보면 종교개혁은 루터를 시켜서 하나님이 해내신 것이다. 지금도 시대의 선지자 역할을 하시는 목사님이 주연이라면 장로와 권사를 비롯한 모든 직분 맡은 이들은 조연으로서 동역해야 함을 알게 된다.

또한 순례하는 도시에는 어김없이 숭앙받는 인물을 기리고 있었다. 성 토마스 교회는 음악가 바흐Bach가 그의 생애 말년에 27년간 머물며 활동한 곳이다. 바흐는 이곳에서 성악곡과 교회음악을 작곡하였고, 아직도 활동 중인 '성 토마스 합창단'의 지휘자를 역임했었다. 한편 독일 드레스덴의 엘베Elbe 강 강변을 거닐던 시인 괴테가 풍광에 반해서 이곳을 '유럽의 테라스'라고 명명하여 관광 명소가 되었고, 체코 프라하의 '성 비투스 성당'에는 여러 명의 왕들과 성자들, 영주, 귀족, 대주교들의 유골이 안치되어 있다. 크로아티아의 두브로브닉에는 수호성인 블라호St. Vlaho를 기린다. 그분은 베네치아의 침공 음모를 미리 간파하여 지도자에게 알려주어 도시를 구해낸 위인으로 추앙받고 있다.

우리 역시 한 시대를 살아가면서 어떤 인물로 기억될 것인가를 늘 고민하면서 "지극히 거룩한 믿음 위에 자신을 세우고 하나님 사랑 안에서 자신을 지키며"(유다서 1 : 20) 살아가야 하겠다.

그리고 인류가 그토록 갈구하는 것이 있다면 그것은 '자유'라는 사실을 실감했다. 라이프치히를 순례하며 동독인들이 통일을 위해 기도한 도시임을 알았다. 당시 동독인들에게는 여행의 자유마저 없었다. 니콜라이교회를 방문하고 이곳에서 통일을 위해 1982년부터 수년간 이어온 '월요평화기도회'의 열기를 느끼며 광장에 세워진 종려나무 형상의 종탑 아래서 일행은 손을 맞잡고 우리나라의 평화 통일을 위해 하나님께 간구했다. 전해 듣기로는, 니콜라이 교회에서 기도하던 인파가 광장으로 몰려나가서 통일을 위한 촛불 집회에 합류했다고 한다. 평화기도회를 감시하고 방해하러 온 공산당원들도 퓌러Führer 목사님의 설교를 듣고 교화를 받아 통일의 지지자로 바뀌는 일도 있었다니 독일 통일도 하나님의 개입이 있었기에 성사된 것으로 믿어진다.

중세는 신본 정치였고, 종탑이 우뚝 솟은 교회가 있는 곳이 중심 시가지였으며 교회, 시청, 광장, 이 셋은 항상 함께 있었다. 광장이 상징하는 것이 바로 자유정신이며 광장의 기능은 시민들의 뜻을 모으고 의사를 표출하는 것이다. 지금도 마찬가지 아닌가? 우리나라도 걸핏하면 서울시청 광장에서 집회를 하는 것이 같은 이유라 생각된다. 자유를 쟁취하는 대중 집회는 비폭력 평화주의로 해야 좋은 열매를 맺을 것이다. 베를린 장벽의 흔적 앞에서 우리는 휴전선의 철조망을 걷어내는 그날을 기대하며 기념사진을 찍었다. 하지만 독일 통일 이후에, 서독 지역으로 갔다가 경쟁력에 밀려 다시 동독 지역으로 돌아오는 인파가 늘고 있는 등의 역기능도 있다니 우리는 통일을 치밀하게 연구하며 준비해야 할 것이다. 체코 타보르 시의 얀후스Jan Hus 목사님 기념관 안에 있는 '카타콤베(Catacombe : 지하 동굴)'에 들어갔다. 이 동굴은 초대 기독교인들이 박해받던 시절, 그들의 비밀 집회 장소이자 지하 무덤이다. 동굴 안에는 식량 조달을 위하여 가축을 길렀던 흔적도 있다. 생명을 담보로 지켜낸 신앙의 자유라 생각하니 그 위대한 신앙 유산 앞에 숙연해졌다.

끝으로 지구 환경의 소중한 가치를 인식하였다. 이번에 순례 및 탐방한 나라는 하늘이 깨끗하고 강물과 바닷물이 청정하였다.

주홍색 기와를 얹은 집들이 즐비하게 늘어선 모습은 구름 한 점 없는 창공 및 초원과 조화를 이루어 아름답기 그지없다. 주홍색 지붕 일색인 것은 황토기와를 선호하고 도시 전체가 문화유산으로 등재되어서 개인이 함부로 바꿀 수 없는 까닭이라 한다. 오스트리아 잘츠부르크 '미라벨' 궁전의 정원은 꽃과 나무, 분수로 잘 꾸며져 있었다. 영화 「사운드 오브 뮤직」에 나오는 「도레미송」을 부른 촬영지에서 일행은 조별로 음계처럼 나란히 서서 기념사진을 찍었다.

슬로베니아에서는 아름다운 블레드Bled 호수와 블레드 성을 탐방했다. 블레드 호수는 율리안 알프스의 만년설과 빙하가 녹아서 만들어진 호수이다. 짙은 옥색을 띠고 있으며 바닥이 훤히 보일 정도로 맑다. 배를 타고 일행은 호수 한가운데 있는 섬까지 가서 산책을 하며 깨끗한 환경의 소중함을 몸으로 느낄 수 있었다. 호수를 둘러싸고 절벽 위에 세워진 블레드 성에 올랐다. 저녁 늦은 시간이어서 불 밝힌 성은 아름다움이 더해져 신비스럽게 보였다. 그리고 자다르Zadar에서 바다가 연주하는 파이프 오르간인 '바다 오르간'의 소리를 들었다. 해안을 따라 산책로에 계단식으로 만들어져 있으며 계단 아래 35개의 파이프가 있어 파도가 파이프 안의 공기를 밀어내며 소리를 낸다. 바람의 세기와 파도의 크기, 속도에 따라 소리가 달라지므로 다양한 음의 연주를 듣는 매력이 있었다.

크로아티아 두브로브닉Dubrovnik에서 자연경관의 극치를 경험했다. 지상낙원이라 불리는 이곳에서 아드리아해를 유람선을 타고 관광하는데 무인도 해안의 바위에서 알몸으로 일광욕하는 이들을 멀찍이 볼 수 있었다. 사람도 자연의 일부이려니 하며 힐끗 눈길을 주고 지나친다. 스르지산 정상에 차량을 타고 올라가 전망을 즐겼지만, 뭐니 뭐니 해도 여정의 절정은 성벽 투어였다. 1,940m 길이의 성벽을 오르내리는 데 1시간 30분이 걸린다. 종착점에서 바다를 조망하며 다섯 가지 맛이 나는 과일주스로 피로와 갈증을 날려보내며, 동유럽과 발칸반도는 천혜의 환경도 준수하지만 잘 가꾸고 지키려는 사람들의 노력이 있기에 보전됨을 확인하였다.

입국하는 날, 우리 일행은 두브로브닉 공항에서 체크인 하여 헬싱키를 거쳐 인천공항으로 돌아오는 노선에 올랐다. 공항 입국장에는 교회 관계자 분들과 가족들, 여행사 대표 등 맞아주는 사람들이 여럿 나와 있어 가슴이 따뜻했다. 보름 동안의 해외 나들이로 인해 지친 심신은 우리 땅을 밟는 순간, 아늑한 안도감에 휩싸이며 긴장에서 놓인다. 여행 중에 섬기는 교회와 사랑하는 가족들을 보호해 주시고 환난과 근심이 없도록 지켜주신 하나님께 영광과 찬송을 드린다. 할렐루야!

성경적인 부모 공경의 탐색과 적용 방안

우리는 일과 사람을 대할 때 원칙과 기본을 거론한다. 가족 생활family life도 그러하다. 자식이 부모를 섬길 때도 기본을 알아야 하고 지킬 원칙이 있을 것이다. 필자는 구순九旬 중반을 넘긴 부모님을 모시고 있다. 성경적인 효도 기회는 살아생전뿐이므로 부모 공경은 더 각별하다. 성경에서 부모 공경의 원칙을 탐색하여 일상의 삶 속에서 적용할 방안을 알아본다.

부모 공경의 원리는 하나님 공경법과 같다

성경에서 '경외'라는 말은 오직 하나님과 부모에게만 쓰였다. "여호와를 경외함으로 섬기고 떨며 즐거워하라."(시 2 : 11)고 하신 하나님은 "너희 각 사람은 부모를 경외하라."(레 19 : 3)고 명령하신다. '경외(敬畏, 히브리어 야레)'의 뜻은 대상을 사랑하면서도 두려워하는 마음으로 그분의 주권과 말씀의 명령에 복종하며 섬김을 의미한다. 이로써 보건대 성경적인 부모 공경은 하나님을 섬기는 차원에서 이뤄져야 함을 시사示唆한다. 성경은 말한다. "눈앞에 있는 부모를 공경하지 않는 이가 어찌 보이지 않는 하나님을 공경할 수 있을까?"(요일 4 : 20)

먼저 노아의 가정을 들여다보자. 노아는 의인이요, 당대에 완전한 자로서 하나님과 동행했다.(창 6 : 9) 하나님께서 일러주신 대로 방주를 만들고 하나님의 명령을 다 준행하였다. 그야말로 지고한 묵종黙從의 실천이었다. 그는 "믿음을 따르는 의의 상속자"(히 11 : 7)가 되었다. 노아가 세 아들을 얻은 것은 500세 이후였고(창 5 : 32), 대홍수는 노아 600세 되던 해에 있었으니(창 7 : 11), 방주 제작 당시 혈기 방장方壯한 자식들이 방주 만드는 일에 협력했을 텐데 성경에는 그의 자식들이 거역했다는 언급이 없다. 아버지의 삶을 보고 부모에게 역시 묵종했음을 짐작할 수 있다.

아브라함의 가정을 살펴보자. 아브라함은 독자 이삭을 바치라는 하나님의 지시에 따랐고(창 22 : 9~10), 이삭은 아버지 아브라함에게 순종順從했다. 이삭은 번제할 나무를 어깨에 멜 수 있을 만큼 건장한 청년이었다. 그런데도 아버지가 결박할 때 거부하지 않았다. 드디어 아브라함은 하나님의 시험test을 통과하고 큰 복을 받았다.(창 22 : 17~19) 이삭은 아버지가 늙은 종을 시켜 아내를 구해 주었을 때도 자기에게 내려진 선택을 그대로 맞이하여 리브가를 사랑하였다.(창 24 : 67) 이처럼 부모를 공경한 이삭은 흉년의 때에 농사하여 백배의 복을 받았으며(창 26 : 12~13), 그랄 지방에 우거할 당시 골짜기를 팔 때마다 샘의 근원을 얻었다.(창 26 : 17~25)

요셉을 주목해 보자. 그는 아버지 야곱의 사랑을 듬뿍 받았다. 형들의 미움을 받아 애굽에 팔려 가서 보디발 집에 종이 되었을 때도(창 39 : 1~6), 죄 없이 누명을 쓰고 옥중에 갇혔을 때도 하나님이 동행했다. 요셉은 여호와 앞에서 성결했으며, 여호와는 그를 범사에 형통하게 하셨다.(창 39 : 23) 요셉은 애굽의 총리에 오르자, 그의 아버지와 식솔을 애굽으로 데리고 와서 흉년의 때에 봉양했다.(창 46 : 1~34) 그는 형들을 용서하고 화목함으로써 아버지의 마음을 기쁘게 해 드렸다.(창 45 : 5~8) 아버지의 마지막 청請에 따라 부친 사후에 가나안 땅으로 메어다가 조상의 묘지에 장사했다.(창 50 : 13)

예수님도 육신의 부모를 극진하게 공경하셨다. 예수께서 나사렛에 이르러 부모에게 순종하여 받들었다.(눅 2 : 51) 한편 가나 혼인 예식 자리에서 예수님은 첫 번째 기적, 물을 포도주로 변하게 하여 어머니를 기쁘게 해 드렸다.(요 2 : 3~9) 십자가 위에서 예수님은 세베대의 아들 요한에게 어머니를 부탁하셨다.(요 19 : 26~27) 그 이후로 요한이 자기 집에서 친어머니처럼 섬겼다. 요한 사도가 예수님의 제자 중 유일하게 장수長壽한 것은 이 같은 효행과 무관치 않을 것이다.

부모 공경의 적용 방안

신앙 중심으로 섬기자

기독교의 효는 신본주의에 기초한다. 효의 기원을 하나님께 둠으로써 신앙적인 차원이 우선한다. 불신 부모님이라면 부모님이 영혼 구원을 얻도록 인도하는 일이 급선무이다. 제사를 추도 예배로 바꾸고 우상 숭배와 얽힌 종중宗中의 전답을 반납해야 한다. 부모님이 하나님을 경외한다면 신앙의 유지를 받들고 계승하도록 힘쓴다. 온 가족이 하나님 중심으로 연합하여 동거함으로써 선하고 아름다운 결속을 이룬다.

존중하고 기쁨을 드리자

"너를 낳은 아비에게 청종하고 네 늙은 어미를 경히 여기지 말라."(잠23 : 22)고 하나님은 엄히 경계했다. 부모님께 항상 순종하고 심중으로 존중해 드려야 한다. 어떤 경우라도 부모의 말씀에 대꾸하거나, 핑계를 대거나 소홀히 여기지 말자. 부모를 즐겁게 하며 나를 낳아 기르신 어머니를 기쁘게 해 드리자.(잠 23 : 24~25) '존중'이란 말의 뜻은 상대방에게로 마음의 중심을 이동시키는 것을 함의含意한다. 부모님과 함께 살다 보면 부모님의 기준과 요구에 맞춰 드리는 것이 존중한다는 의미임을 실감한다.

절대 순종하자

"자녀들아 주 안에서 너희 부모에게 순종하라. 이것이 옳으니라. 네 아버지와 어머니를 공경하라."(엡 6 : 1~2)라고 사도 바울은 분명한 원칙을 정해 명령했다. 순종의 자세는 이치를 따지지 않는다. 즉시 이행한다. 내 계산과 생각에 맞지 않아도 따른다. 혹시 시대에 뒤떨어지는 말씀을 하셔도 핀잔을 금해야 한다. 다만 궁금한 점을 질문은 할 수 있다. 이삭은 아브라함에게 "불과 나무는 있거니와 번제할 어린 양은 어디 있나이까?"(창 22 : 7)라고 물었고 아브라함은 하나님이 친히 준비하신다고 답한다.

성심을 다해 봉양하자

예수님은 하나님을 섬기는 일과 부모 봉양을 함께 생각하셨다. 즉 '고르반'주의를 경계했다.(막 7 : 10~13) 하나님 사랑에 기반을 두어 부모를 사랑하고 정성껏 모셔야 한다. 물질적인 것도 중요하고 자식들이 건강하고 안전하게 생활 일선에서 열심히 살아가는 모습을 보여드림도 소중하다. 저의 아버지께서는 교직 생활하는 저에게 늘 '뇌물을 절대 받지 말 것', '아랫사람들에게 인정을 베풀 것' 등 두 가지 사항을 강조하셔서 재임 기간에 명심하고 받들었다.

형제자매 간에 화목하게 하자

부모와 화목하려면 부모를 현재 모습 그대로 인정해야 한다. 부모님의 습성과 성정 등 모두를 수용한다. 자식의 관점대로 고치려 들지 않는다. 그리고 부모님 앞에서 형제자매를 험담하지 않는다. 동기간에 예수 사랑으로 포용하고 베푼다. 바울은 "누구든지 자기 친족 특히 자기 가족을 돌보지 아니하면 믿음을 배반한 자요 불신자보다 더 악한 자"(딤전 5 : 8)라고 가르쳤음을 잊지 말자. 그리고 형제가 여럿일 때는 부모 섬김의 주체를 지정해 놓는 것이 유사시 갈등 예방에 도움이 된다.

부모의 마음을 읽고 받들자

하나님은 부모의 말을 불순종하는 완악하고 패역한 아들을 사회적인 악으로 규정하여 제하라고 했다.(신 21 : 18~21) 자녀들이 모든 일에 부모에게 순종함이 주 안에서 기쁘게 하는 것이라고 교훈한다.(골 3 : 20) 자식은 부모 권위를 실추시키는 일이 없어야 한다. 부모님도 분별력이 떨어져 잘못할 수 있다. 그렇더라도 자식이 부모님을 공박攻駁해선 안 되며, 부모의 허물을 형제간에도 일체 함묵緘默해야 한다.(창 9 : 22) 주님께서는 부모를 비방, 모욕하는 것을 경계했음(막 7 : 10)을 명심하자.

소망과 위로를 드리자

연세 드신 대다수 부모님은 "오래 살아서 너희를 고생시킨다."

라는 말씀을 하신다. 자식으로서는 부모님이 구존俱存하셔서 힘이 된다고 위로해 드려야 마땅하다. 또한 생존의 의욕이 충만하도록 끊임없이 동기를 부여하고 부모의 해묵은 아픔을 풀어드린다. 부모님의 의사 결정을 끝까지 따른다. 손주들과 증손들의 성장 모습을 자세하게 아뢰며 동영상 자료와 사진 등을 보여드리면 좋아하신다. 부모님이 마음속으로 '내가 살아있음이 자식들한테 보탬이 되는구나!'라고 느끼실 만큼 보살펴 드리자.

부모 공경은 하나님이 세우신 약속 있는 첫 계명이다.(출 20 : 12, 엡 6 : 2~3) 부모 공경을 명하신 하나님께서 효행할 힘도 공급하시며 부모를 모실 지혜와 방법을 알려 주신다. 하나님을 경외하듯이 너나없이 주 안에서 부모 공경에 힘써야 할 것이다.

*이 글은 기독교대한성결교회 교단지 《활천活泉》 2022년 5월호에 게재되었음.

4
변화와 수용

경우에 따라 상황을 살펴서 나를 바꾸는 것이
나와 이웃에게 유익함을 알겠다.
인간의 삶은 변화를 거듭하며 마침내 완성되어 간다.

교감 시절의 애환

나의 교단생활 44년 동안 교감 경력은 고작 2년 6개월뿐이다. 교육전문직인 장학사직에 근무가 많았기 때문이다. 그래서 더없이 애틋한 추억으로 간직하고 있다. 신설 인문계 고등학교의 교육 기반을 조성했던 교감 시절의 애환을 여기에 펼쳐 놓는다. 개교 이전에 모두 끝났어야 할 공사가 지연되어 교육 여건이 불비한 채로 입학식을 거행했다. 식후에 나는 초대 교감으로서 학부모들의 걱정을 달래주고 한마음으로 학교 교육을 지원해 줄 것을 당부했다.

교장선생님의 명을 받들어 제반 실무를 관장하며 교과 교육은 선생님들에게 맡기고, 나는 생활 지도와 안전 지도에 힘을 보탰다. 흡연하는 학생들이 참지 못하고 화장실이나 건물 뒤편에 삼삼오오 모여 담배를 피웠다. 아무리 닦달을 해도 휴지가 여기저기 날아다닌다. 텅 빈 교실에 대낮에도 전깃불을 환하게 켜 둔다. 체육 시간이라 운동장으로 모두 신나게 빠져나가고 뒷정리를 하지 않는다. 이런저런 사례를 지도하며 동에 번쩍, 서에 번쩍 분주하였다. 야간 자율학습이 끝나야만 밤 10시가 넘어서야 퇴근했다. 참으로 고단한 일과의 연속이었다.

이 같은 나의 사정을 잘 아시는 교장선생님께서 특단의 조치를 내려 주셨다. 수요일은 정시에 퇴근하라고 명하셨다. 내가 교회 장로임을 감안하시어 수요일 밤 예배에 참석할 수 있게 배려해 주신 것이다. 정말로 꿀맛 같은 안식을 얻게 되어 많은 위로와 힘이 되었다.

어느 일요일 오후, 자식이 교감 승진했다고 부모님을 모시고 학교 구경을 시켜 드렸다. 여동생과 제부弟夫도 동행했다. 내가 업무를 보는 책걸상에 아버지와 어머니를 앉으시게 해 드렸다. 두 분께서 참으로 흐뭇해하셨다. 그때 초임 발령 받은 총각 선생님 한 분이 교무실에 용무 보러 나오셨다. 아버지는 그 선생님에게 뜬금없이 장가를 빨리 가라고 타이르듯이 말씀을 하셔서 모두 웃음을 터뜨렸다. 그런데 신기하게도 7년 뒤에 내가 교육장으로 있을 때, 그 선생님이 결혼 주례를 내게 부탁을 해서 감회가 깊었다.

그해 가을에 수학여행을 다녀온 뒤에 담임선생님 한 분이 병가를 내셨다. 워낙 갑자기 생긴 일이라 대비할 겨를도 없었다. 지병이 있어 별 마음 없이 정기검진을 받았는데 그사이 많이 악화되어 당장 입원하라고 날벼락이 떨어진 것이다. 시월 중순이어서 사방으로 알아보고 기간제 교사를 구하려 해도 적임자가 나타나지 않았다. 학생들을 자습시킬 수도 없고, 동료 교사에게 짐을 너무 지울 수도 없고 교감으로서 난감했다. 혹시나 하여 이웃에 있는 실업계 고등학교 교감선생님께 애로 사항을 말씀드리고 협조를 부탁했다. 실업계 학교는 2학기에 현장 실습을 나가기 때문에 교과 선생님들은 시간 여유가 많다. 마침 수학과 선생님 세 분이 한 달 동안 우리 학교에 겸무하도록 협약이 이루어졌다. 그때의 아름다운 협력 체제는 잊을 수가 없다. 교감으로서 위기관리 능력이 시험대에 올랐었는데 잘 극복하게 되어 한시름 놓았다.

나는 무엇보다도 교직원들이 화합하여 지내도록 분위기를 만들어내는 일에도 중점을 두었다. 하루는 출근하자마자 여직원 한 분이 자녀의 돌을 맞이하여 수수떡을 내놓는다. 나더러 얼른 드시라며 지켜보고 있다. 그 순간 나는 교장선생님께 떡을 갖다 드렸느냐고 물어보았다. 그 선생님이 살짝 놀라며 아니라고 한다. 교장선생님께 갖다 드리지 않았는데, 내가 어찌 먹을 수 있느냐고 반문하였다. 그 선생님은 급히 교장선생님께 떡을 차려다 드렸다. 이 일이 있은 후에 직장에서도 가정처럼 웃어른을 먼저 섬겨야 하는 예법이 자리를 잡았다.

교장선생님께서는 학내 업무는 내게 전적으로 맡기시고 외부의 일에 오로지 여념이 없었다. 신설 학교인지라 바깥으로 협조와 이해를 구할 사안이 한두 가지가 아니었다. 그리하여 나는 교감으로서 학교장의 일까지 두루두루 익힐 수 있었다.

또 교장선생님의 부탁으로 교가를 작사했다. 외부에 방榜을 내어 공모하자고 말씀을 드려도 국어를 전공한 교감이 있는데 외부에 맡길 일이 아니라고 하시며 한사코 강권하신다. 교장선생님의 속뜻은 초임 교감의 이름을 학교 역사에 남기도록 기회를 마련해 주고자 하신 것이다. 그리하여 교가를 작사하였으니 두고두고 기념이 된다.

특수학급 여학생 한 명은 가정 형편이 심히 어려웠다. 어떻게 도울 방도를 찾다가 교감으로서 지원할 일이 생각났다. 그 학생은 지병이 있어 디펜딩defending 기저귀를 차고 다닌다. 그 비용이 만만치 않았다. 그리하여 내가 주선하여 유한킴벌리 회사에 공문과 함께 편지를 보내 학생의 어려운 처지를 하소연하였다. 얼마 뒤에 회사에서 도와주겠다고 허락하는 공문을 보내왔다. 석 달마다 회사명이 큼지막하게 적힌 차량이 물품을 싣고 우리 학교를 내왕했다. 지금쯤 그 학생도 성인이 되어 건강하고 아름답게 살아가고 있기를 기원한다.

나는 짧은 교감 시절을 보내며 슬픔과 고충은 사람을 통해서 오고, 기쁨과 보람도 역시 사람이 나서서 만들어 간다는 것을 경험하였다. 뭐니 뭐니 해도 세상이 아름다워지려면 사람이 아름다워야 한다. 아름다운 사람들은 서로를 아끼고 배려하며 존중하고 도움을 주고받는다. 그렇다! 애환哀歡이 날줄과 씨줄로 엮이어 있는 삶의 순간들이 더욱 오래오래 기념되고 추억으로 남는 것은 그 속에 사람의 향기가 있기 때문이리라.

늦깎이 교수님

'가장 위대한 전략은 절대 포기하지 않는 것이다.'

이 한 문장을 나의 좌우명座右銘으로 새로 정했다. 서재의 책상 앞 벽면 위쪽에 걸어두고 수시로 외친다. 인터넷 자료를 검색하다가 눈에 확 들어와서 내 것으로 삼았다. 사실인즉 '포기하지 말라Don't give up.' 또는 '절대로 포기하지 말라Never give up.'라는 경구는 식상하리만큼 흔하다. 그럼에도 불구하고 이 좌우명에 나는 매료되었다. 책상에 앉으면 저절로 마주하게 된다. 살아오면서 선하고 가치 있는 일을 시작하다가 그만둔 것은 없는지, 나를 살핀다. 그리하다가 뜻하지 않은 호기好期에 나의 잠재된 꿈이 되살아나고 뒤늦게 성취한 일화를 여기에서 나누고자 한다.

내가 제대하고 복직을 하자, 존경하는 모교 교수님께서 서신을 보내오셨다. 교수님의 말씀을 요약하면, 우선 제대한 것을 축하해 주셨고 공부를 더 하고 싶으면 대학원에 입학 원서를 넣으라는 당부이셨다. 친필로 적은 손편지의 행간에는 제자를 사랑하는 곡진曲盡한 마음이 넘쳐흐르고 있었다. 또한 당신께서는 최근작 저서 3권을 함께 보내셨다. 그 당시 교수님은 모교 교육대학원 원장이셨다.

만일 내가 찾아뵙고 문하생으로 입문했다면 그 길은 교수직의 등용문이었다. 하지만 나는 그 길을 선택할지 말지에 대해 그리 오래 고민하지 않았다. 왜냐하면 아버지의 당부 말씀을 이행하기 위해 교수직을 포기해야 했기 때문이다.

내가 결혼하자마자 아버지께서 나를 불러서 앉혀 놓으시고는,

"너한테 부탁할 것이 있다."

라고 하셨다. 아버지의 말씀은 간단명료했다. 남동생 둘을 대학까지 공부시켜 달라고 요청하셨다. 효도해야 한다는 일념으로 순종하기로 작정했지만 아내가 마음에 걸렸다. 당시 중학생인 동생 둘을 대학까지 공부시키는 데는 10년 이상 걸려야만 했다. 아내는 신혼의 단꿈에 젖어 있던 시절이라 나의 사정을 듣고서도 별다른 저항 없이 묵인했다.

중·고등학교 시절엔 그런대로 잘 지나갔는데, 대학교 입학을 하니 사정이 달라졌다. 동생들의 공납금과 생활비 보조에 정작

우리 살림은 어렵기만 했다. 아내는 아기의 용품과 분유값 지출에도 잔신경을 쓰며 생계를 알뜰하게 이어갔다.

아무런 소망도 보이지 않고 힘든 생활이 이어지자 아내는 역정을 내었다. 그때마다

“여보, 조금만 참으면 좋은 날이 올 거야. 미안해.”

라고 하며 나는 달래기에 분주했다. 하지만 참을 줄 모르는 사람은 바로 나 자신이었다. 투정 부리는 아내에게 몹쓸 말로 쏘아붙인 적이 한두 번이 아니다. 그사이에 우리는 아들딸 삼남매의 부모가 되어 있었다.

첫째 동생이 대학 이학년 때 휴학을 하고 입대하자, 막냇동생이 연이어 대학교에 입학을 했다. 동생들은 아르바이트를 하며 성실하게 공부했고 전면 장학생에 뽑혀 등록금을 면제 받기도 했다. 어렵사리 동생 둘이서 대학을 졸업하자 우리 큰아이가 중학교에 입학하였다. 잠시 쉴 틈이 없이 달려온 세월이었다. 아내가 고맙고 잘 자라준 아이들이 신통하다. 아울러 대학 졸업과 동시에 직장을 구한 동생들도 모두 행복한 가정을 이루고 잘 살아가고 있으니 다행스럽다.

아버지께서 제시한 과제를 완수해 드리고 나니, 집안이 평안하고 온 식구들이 화목하게 제자리를 잡았다. 그제야 나는 교직 사회에서 내 포부를 성취하려고 열정을 바쳤다. 그리하여 선생님들

중에 3%만 차지할 수 있다는 학교장 반열에 올랐다. 학교장 초임 발령을 받은 성주군 ○○중학교에 재직할 때, 학부모 교육 강사를 경험하고 그동안 익힌 경륜을 바탕으로 자녀 교육 및 화목한 가정을 세우는 일에 나서려고 다짐을 하게 되었다. 그리하고 나니 지난날 청년기에 교수직 권유를 받은 기억이 되살아났다. 나의 속마음에서,

'그래, 이제 시간도 낼 수 있고 돈 걱정 안 해도 되니 도전해 보자.' 라는 울림이 일어났다. 더 이상 선택의 고민을 할 이유가 없었다. 아내도 전심으로 동의하고 밀어주었다. 그리하여 대구대학교 대학원 가정복지학과 박사과정에 입학하였다.

공직에 있는 몸으로 공부하는 데에는 많은 제약이 따랐다. 상부 기관의 승인을 받아야 하고 출석일마다 법규에 맞게 복무 처리를 해야 한다. 주말을 많이 이용하여 학업에 전념했다. 그래도 시작한 일은 시간의 흐름에 맞추어 순조롭게 진척되었다. 나의 사정이 여의치 않으면 동료들이 강의 시간을 옮겨가며 협조해 주고 교수님들께서도 이해를 해 주시어 원활하게 성취할 수 있었다. 시간과 학비를 투자하여 미래의 기회를 산 셈이다.

대학원을 졸업하자, 모교 대구대학교에서 가정복지학과에 겸임교수직 자리를 내주었다. 나는 학부 3~4학년생을 대상으로 학기당 한 강좌를 맡았다. 내가 부모님께 효행하기 위해 모교 경북대학교 은사님의 대학원 진학 권유를 포기한 지 정확하게 30년

뒤에 기어코 교수직에 명함을 내민 것이다. 정말 감개무량했다.

“꿈을 지녀라. 그러면 어려운 현실을 이길 수 있다. 그 꿈을 계속 간직하고 있으면, 반드시 실현할 때가 온다.”라고 부르짖은 괴테의 명언이 내게 이루어졌다. 하나님께서 절묘하게 타이밍을 맞추어 주심을 감사한다. 나는 학생들에게 ‘아버지 같은 교수님’이라는 별명을 얻었다. 지식과 인성, 생활지도 등 전반적인 것을 나누며 청년 대학생들과 4년간을 함께했다. 참으로 따뜻한 내 인생의 봄날 같았던 추억이다.

명품 인생

뉴스를 시청하다가 무심결에 알게 되었다. 수도권 어느 일류 백화점에는 명품 구역이 따로 마련되어 있단다. 명품 매장을 이용하는 고객들은 백화점에서 제공한 비밀 보안카드로 드나든다. 서민들은 얼씬도 할 수 없는 구역이다. 보통 사람들과 획을 그어 특권층의 위세를 한껏 누리는 것으로 비쳐진다.

경제적인 여유가 있고 소유 욕구를 가진 사람들이 스스로의 처지에 맞는 고가품을 찾는 것을 어찌 탓할 수 있으랴만, 상대적인 빈곤감을 느낄 서민들로서는 씁쓸한 기분에 살맛마저 뚝 떨어질 수 있겠다.

'명품'이란 말을 처음 들은 것이 아니다. '명품'이란 어휘와 조합된 신조어들이 비 온 뒤 대순 돋듯 득세한다. 사전을 들춰 보니 명품을 '뛰어나거나 이름난 물건, 또는 그런 작품'이라고 규정하며, 영어로는 'world best'라고 표기한다. 그렇다고 명품이 반드시 최고 또는 최상만을 지향하는 것은 아니다. 명품이란 어휘를 너도나도 애용하게 되면서 '최고(최상)'라는 뜻이 희석되어 '차별화된 특별한'의 뜻으로 그 의미가 확장된 면이 있다. 이로써 명품이란 말이 훨씬 덜 밉상스러운 말로 받아들여지니 그나마 다행스럽다.

나의 평생 직장이었던 교직에서 맨 처음 '명품 교육'이란 슬로건을 접했을 당시는 무척 당혹스러웠다. '이게 말이 되나?' 하며 발칵 화를 낸 적이 있다. 깊이 생각해 볼 겨를도 없이, 교육이 분명코 물건이 아닐진대 어찌 명품이란 말과 어울리겠는가 하며 불편한 심기에 빠진 것이다.

'교육'에다 '명품'을 조합하는 속내는 무엇일까? 넓은 마음으로 들여다보게 된다. 아마 지역마다 차별화된 교육 여건을 반영하고, 학교 나름대로 특화된 프로그램을 도입하여 성과를 내겠다는 의지를 나타낸 것으로 보인다. 즉 국가와 사회의 미래를 책임질 유능한 인재를 양성하려는 비전을 담은 것이리라. 교육에 명품의 정신과 철학을 가미한 것이라고 한발 물러서서 곱게 바라보니 마음이 한결 편안해졌다.

결국 명품 교육이 지향하는 것은 명품 인생으로 길러내라는 지상명령이라는 생각이 든다. 그야말로 재능과 흥미가 천차만별인 학생들을 스승의 안목으로 관찰하고 지도하여 지성과 인성을 겸비한 인재로 키워야겠다. 새 시대는 새 사람을 원하고 제도와 문화는 발 빠르게 변한다. 개개인의 특장特長을 살려내어 수많은 명품으로 거듭나게 하려니 스승의 수고로움도 만만치 않을 것이다.

이참에 누구든지 자기 이름을 명품 브랜드로 만들어 낼 수 있도록 자강自强 정신을 가져야 하리라. 각자의 이름은 살아온 전 생애의 가치를 객관적으로 평가한 인식표다. '이름값'을 하느니 못하느니 남들이 먼저 함량을 저울질하는 것이 세태다. 명품 인생은 하루아침에 만들어지지 않는다. 자기 주도적인 삶을 설계하고 소질과 특장을 살려 그 분야의 일인자가 되기까지 각고의 노력이 필요하기 때문이다.

다이아몬드가 명품으로 태어날 때까지 견뎌낸 인고의 세월과 공정을 그려보면 짐작이 가고도 남는다. 다이아몬드는 땅속 1,500킬로미터 아래, 섭씨 일천 도를 넘나드는 고열에서 맑고 찬란한 빛을 내는 명품으로 변신한 뒤에 화산 폭발을 틈타 지상으로 분출한다.

교직에서 은퇴한 후로 나태해질까 두려워서 곧바로 일자리를 모색하였다. 지금은 평생학습 사회라서 시스템이 워낙 잘 구축되어 있어 마음만 먹으면 언제든 공부할 수 있다. ○○여자대학교 평생교육원에 개설된 명강사과정을 수료하고 강사의 길을 걷고자 담금질을 한다. 화려한 이모작의 꿈인 셈이다. 마음과 정신을 다잡지 않으면 자칫 세월을 허송하는 과오를 저지르지 않을까 염려되기 때문이다.

영화 「빠삐용」의 주인공이 독방에 감금된 어느 날 밤에 환상을 본다. 여러 재판관에 둘러싸여 심문을 받는데 계속 무죄임을 주장하다가 재판관이 한 가지 혐의를 걸겠다며 "너는 청춘을 낭비했지? 너의 죄목은 청춘을 낭비한 죄다."라고 하자, 그는 고개를 떨어뜨리고 만다. 스스로를 명품으로 만들어가는 노력을 게을리하는 것은 자신에게 이처럼 인생을 낭비한 죄를 짓는 일이 될 수도 있으리라.

나아가서 가문家門을 명품으로 만들어야 한다. 가문은 가족 공동체가 이뤄낸 사회적인 지위 전체이다. 명문가라는 말이 괜히 생긴 것이 아닐 터이다. 자식을 잘 길러서 가세를 일으켜야 하고, 가문을 빛내야 한다. 행여나 가문을 욕되게 해서는 절대로 안 될 일이다. 비록 명문거족名門巨族을 운운하지 않더라도 자녀들이 결혼 적령기에 순조롭게 혼인하여 자녀를 낳고 가업과 직장에 매진하는 모습을 보는 것이 부모의 소망일 게다. 가족 이기주의에 갇혀서는 옳은 구실을 못하므로 반드시 이타심을 발휘해서 사회에 이바지하도록 당부를 곁들여야 한다.

최근에 연예가 소식란에는 '박지성, 김민지' 부부의 이야기가 화젯거리다. 박지성 선수가 고수익에다가 임신한 아내를 위해 반찬까지 만들어 준다는 뉴스가 뜨면서 그는 스타 중에서 '명품 남편'에 등극했다는 것이다. 누리꾼들이 지어준 별칭이지만 시대를 풍자하는 옳은 뉘앙스가 묻어난다. 아내를 진정으로 위하는 세심한 배려와 가족을 섬기는 넉넉한 마음씨를 명품으로 인정한 경우다.

그러고 보니 금실 좋은 한 가정이 더 떠오른다. 가수 션(본명 노승환)과 배우 정혜영 부부이다. 2008년 9월, 전국중고생자원봉사 시상식에 참석하여 초대 연사로 나온 가수 션의 연설을 들은 적이 있다. 연설의 주제가 프레젠테이션 화면에 떴다. '기부는 기적의 씨앗'이라는 글자가 눈으로 들어와 마음 판에 새겨진다. 경청하는 내내 가슴이 한없이 설렜다. 강연 요지에 따르면 결혼하는 당일에 부부는 약속을 한다. 하루 일만 원씩 모아서 결혼 일주년에 그 돈을 좋은 곳에 쓰자고. 그날이 오자 모아둔 365만 원을 들고 서울대학교 어린이병원을 찾아 심장 수술이 필요한 환자를 위해 쓰라고 기부한다. 이를 시작점으로 하여 수많은 이웃을 섬기고 국제기구를 통해 필리핀의 딱한 아동을 일백여 명 돕는다고 했다.

그날 집으로 내려오는 새마을호 열차 안에서 곧바로 경북지적장애인협회 회장인 지인에게 통지하여 소액 기부를 제의했다. 아내와 상의할 절차마저 생략한 채 착한 마음을 도적맞기 싫어 서둘렀다. 젊은 부부의 선행에 전염되어 사회적 소수를 위한 기부문화에 참여 기회를 넓혀 온 지 십 년 남짓 된다. 한결 뿌듯하고 자긍심의 순이 돋는다. 요즈음엔 젊은이들 못지않게 부부간 화목과 평화를 이어가려고 가사를 내 몫으로 챙기고 있다. 물론 기여도는 아내의 평가를 받아 봐야 하겠지만, 이와 같은 노력의 이면에는 자녀들이 우리 부부의 삶을 따라 배우기를 바라는 마음이 있다. 명품 가문을 만들어 내려는 집요한 정성의 일환이다.

삶의 전체적인 면에서 명품으로 거듭나기는 어려울 것이다. 하지만, 누구든지 지극히 작은 한 영역에서는 명품으로 등극하려는 야심을 가져야 할 것이다. 주변 사람들이 흠모하고 따르며 존경받을 수준까지 오르기 위해 치열하게 살아야 한다. 마치 명품으로 태어나는 순간을 기다리며 불가마에서 자신을 태우는 도자기처럼 말이다.

혹자는 'only one'의 가치를 추구하라고 부르짖는다. 다른 이와 차별되는 새롭고 신선한 나만의 길을 찾고 만들어 가자는 메시지다. 즉각 나도 합류하고 싶다. 사람이 명품을 좇아가면 한도 없고 끝도 없다. 그 욕구를 어찌 다 채울 수 있으랴. 주위를 둘러보며 너무 튀지 않도록 이웃을 배려하면서 자신의 인생을 명품으로 가꾸는 일에 몰입하면 세상은 명품으로 넘쳐나리라.

처녀 주례

일흔에 도달하기까지 결혼식 주례를 아홉 번 경험했다. 주례를 부탁받으면 설레고 부담도 된다. 그렇지만 나는 늘 즐겁게 대처했다. 처녀 주례를 선 것은 제자의 혼인 예식이었다. 26년 전의 일이다. 세월이 베틀의 북처럼 빠르게 지나간다. 어느 날 제자 둘이서 나를 찾아왔다. 실업계 고등학교 삼학년 담임교사 시절의 추억담으로 정과 웃음을 나누다가 정鄭 군이 결혼한다는 이야기를 꺼냈다. 그리고 내게 주례를 부탁한다. 꼭 선생님이 주례를 서야 한단다. 옆에 있는 친구도 거든다. 당시 나는 47살이었다. 주례를 설 나이에 미치지 못하였다고 생각하여 사양했지만, 한사코 "은사님이 주례를 서야 의미가 깊다."라며, 신부 될 아가씨도 같은 생각이라고 한다. 그리하여 마지못해 수락했다.

예식까지는 한 달 반쯤 남아있었다. 가장 먼저 한 것은 인터넷을 검색하여 주례사를 찾아서 읽어보는 일이었다. 명망 높으신 분들의 인기 있는 주례사부터 범인들의 사례까지 꼼꼼하게 조사해서 참고했다. 또한 주례사 작성법을 알아보고 필수 사항을 챙겼다. 이제 실제로 내가 맡은 신랑, 신부에게 적합한 말을 궁리하고 다듬었다. 혼인 예식은 1994년 12월 25일 성탄절 오후 1시, 구미시내 오성예식장에서 거행되었다. 이어지는 글은 그런 과정을 거쳐 나온 첫 주례사의 전문全文이다.

다사다난했던 갑술년이 저물어 가고 소망의 새해가 다가오는 이때, 성스러운 혼인 예식을 올리는 신랑, 신부 및 양가 혼주님께 진심으로 축하를 드립니다. 결혼은 남녀가 장성하여 부모의 슬하를 떠나 둘이 한 몸을 이루어 새 가정으로 출발하는 인륜의 대사이며, 제2의 인생을 시작하는 중대한 의미를 지니고 있습니다.

오늘 신랑, 신부 두 사람은 범절 있는 가문에서 엄격한 가정교육을 받았으며, 고등교육을 마치고 공직사회에 투신하여 국가와 사회에 헌신한 경험을 갖춘 유능한 인재들로서 오늘 이처럼 좋은 인연의 결실을 보게 되었으니 참으로 하늘이 정해 준 배필임을 굳게 믿는 바입니다.

저는 오늘 이룬 새 가정에 필요한 당부의 말씀을 겸해 행복의 문으로 인도하는 세 가지의 촛불을 밝혀 두고자 합니다.

첫째, 효도의 촛불입니다.

우리 생명의 근원이 어디서 왔습니까? 부정모혈을 통해 우리는 생명을 받았습니다. 신랑 신부 두 사람은 아버님 어머님을 기쁘게 해 드리는 일로 인생의 낙을 삼기 바랍니다. 물질적으로 봉양하고 부모님의 마음을 편하게 해 드리는 일에 두 사람이 뜻과 정성을 모으기 바랍니다. 특히 집안의 크고 작은 일을 부모님과 상의하고 여쭐 것은 반드시 여쭈고 가르침을 받을 것은 부모님께 가르침을 구해야 합니다. 절대로 부모님께서 소외당하는 쓸쓸함을 느끼지 않으시도록 잘 보살펴 드리는 것이 효도의 지름길임을 명심하기 바랍니다.

둘째, 사랑의 촛불입니다.

사랑이 무엇입니까? 눈물의 씨앗이라고 했습니다. 연기가 솟아오르는 곳엔 그 무엇이 타고 있으며, 사랑이 있는 곳에는 눈물자국이 남기 마련입니다. 눈물과 희생이 없이는 사랑을 완성할 수 없기 때문입니다. 사랑은 오래 참습니다. 신랑 신부 두 사람은 성장 과정이 다릅니다. 성격이 같지 않습니다. 살아가는 동안 때로는 심각한 의견 대립이나 갈등이 있을 수 있습니다. 참기 어려운 그 어떤 경우에도 바로 그때 참아야 합니다. 성경에는 우리가 서로 사랑한다면 모든 것을 참으며, 모든 것을 믿으며, 모든 것을 바라며, 모든 것을 견딜 수 있다고 했습니다.

사랑은 무례히 행하지 않습니다. 즉 부부간에도 지킬 예절이 있습니다. 한 몸이 되었다고 해서 예절도 팽개치고 아무렇게나

대하라는 뜻이 아닙니다. 함부로 말할 수 없습니다. 악한 생각을 품을 수 없습니다. 아내는 남편을 바라볼 때마다 '그대는 나의 하늘입니다.'라고 고백할 수 있어야 합니다. 남편은 아내를 쳐다볼 때마다 '그대는 하늘에서 내려온 나의 천사입니다.'라고 말할 수 있는 신비스러운 매력이 넘치는 가정이 되기를 바랍니다.

사랑은 허물을 덮어줍니다. 신혼의 단꿈에 젖어 있을 때는 몰라도 여러 해가 지난 뒤 어느 날 갑자기 상대방의 허물이 발견될 때, 그 허물을 두고 괴로워하지 말고, 짜증내지 말고 서로의 허물을 감싸주는 위대한 사랑의 힘을 발휘하기 바랍니다. 그래야만 비로소 사랑의 열매가 맺히는 것입니다.

셋째, 섬김의 촛불입니다.

사람들 중에는 왜 길지 않는 인생을 지루하게 사는 이들이 있습니까? 섬김의 대상이 없기 때문입니다. 내 가정의 울타리를 벗어나 이웃을 생각하는 넉넉한 마음을 가져주기 바랍니다. 부부는 뜻을 모아 선행善行을 베풀어야 합니다. 신랑, 신부는 공직에 몸담고 있으니, 직장에서 웃어른을 섬기며 아랫사람을 충분히 배려해주는 밝고 따뜻한 인간관계를 유지하기 바랍니다. 저 태양이 날마다 우리에게 밝은 빛과 따사로운 온기를 내려 주듯이 이웃에게 베푸는 삶을 살아서 늘 떠오르는 태양 같은 신선한 감동 속에 살아가기를 기원합니다.

이 자리에 계신 하객賀客 여러분께서는 신랑, 신부 두 사람의 새 가정에 효도의 촛불과 사랑의 촛불, 그리고 섬김의 촛불이 꺼지지 않도록 지켜보아 주시고 많은 지도와 격려를 보내주시기 바라면서 주례사에 갈음합니다.

해맞이

한 해를 보내는 마지막 날, 여느 날처럼 텔레비전을 시청하던 아내가 뜬금없이 해맞이 타령을 한다. 마침 화면에는 해맞이 인파로 북적대는 영상을 내보내고 있다. 나도 모르게 눈길이 간다. 그런데 아내의 그다음 이야기가 심상치 않다.

"나도 저런 인파 속에 섞여 보는 게 소원이야."

아내의 말에 쓰다 달다 토를 달지 않고 나는 순간 멍하니 넋 나간 사람같이 돼 버렸다. '아내한테 무심했구나.' 엄연한 자책이다. 사실은 나 역시 해맞이 현장에서 인파 속에 묻혀 새해 첫날의 해돋이를 구경하고픈 생각이 있으나, 승용차 운전이 부담스러워 엄두를 내지도 못했다.

"여보, 우리 한 살이라도 젊었을 때 해돋이 구경 가자."

내가 제안을 했다. 순수한 아내의 소망을 이루어 주면서 내 꿈도 하나 해결하고 싶었다. 텔레비전에서는 아직까지 전국의 해맞이 명소를 소개하고 있다. 아내가 반색을 하며 대뜸 나선다.

“어디가 좋을까?”

“여기서 가깝고 소문난 곳은 포항 호미곶이지.”

호미곶은 여러 번 가 본 곳이어서 길눈이 익었다. 새벽에 출발하면 교통 흐름도 좋을 것 같았다. 그래서 교회에서 자정子正 예배를 드리고 난 직후 출발하는 것으로 정했다. 갑자기 집안에 훈기가 감돈다. 여행은 생활의 활력소인가 보다. 인터넷을 뒤져 호미곶의 행사 일정이며 주차 시설을 짚어봤다.

송구영신送舊迎新 예배를 드리고 나니 새해 첫날 새벽 두 시. 고속도로에 오르니 차량이 한산하다. 흐름이 좋다면 두 시간 거리다. 조수석의 아내에게 눈 좀 붙이라고 권해도 아랑곳없다. 들뜬 기분에 머리가 오히려 맑아지고 정신이 깨어 있다. 전국에서 모여든 인파 속에 파묻혀 본다는 상상부터 이리 즐거운데 현장에서의 기쁨은 얼마나 될까 기대된다.

한 시간을 달려 휴게소에 들른다. 이곳은 대낮이다. 야식을 즐기는 사람이 북적댄다. 화장실도 만원이다. 새해를 이미 맞이하였는데, 아는지 모르는지 오로지 해돋이에만 신경이 꽂혀 있는 듯하다. 여기 있는 사람이 모두 호미곶에 가는 인파는 아니기를 바라며 휴식 후에 다시 달린다.

이제 포항 시가지에 접어들었다. 도로 사정이 만만치 않다. 갈

수록 차량이 늘어난다. 짐작대로 해돋이 관광 차량인 듯하다. 줄지어 가는 차량을 뒤따른다. 목적지는 한곳이니까 잘못될 일이 없을 것이다. 교통 지도하는 경찰 차량이 보인다. 목적지 부근에 닿았음을 직감한다. 한참을 더 가니 차량 안내원들이 갓길에 차를 세운다. 여기에 주차하란다. 아직 1.5km가 남은 지점이다. 새벽 4시 10분이다. 주차 공간이 다 찼다고 한다. 행사 시간은 7시요, 해돋이 예정 시간은 7시 33분이다. 승용차 안에서 얼마를 대기하다가 행사장으로 향한다. 캄캄하다. 흐릿한 가로등 불빛을 의지하고 앞서가는 일행을 따라 걸음을 옮긴다. 행사장에 가까울수록 노랫가락이 점점 크게 들려온다.

대기소에 들어가니 이건 별천지다. 첫 느낌이 난민 수용소가 연상된다. 온갖 깔개에 이부자리를 걸치고 누워 잠든 사람, 앉아서 담소하는 사람, 서성대는 인파로 넘쳐난다. 아내도 뜻밖의 풍경에 할 말을 잊었다. 그 와중에도 휴대폰으로 촬영을 하여 기념으로 저장한다.

한편에서는 종사원들이 설문 조사를 한다. 기념품 받는 재미로 설문에 응한다. 문항이 꽤 많다. 여러 행사에 관해 만족도를 조사하고 있었다. 더 나은 관광지로 개발하려는 의지가 높아 보여서 좋게 반응했다. 주최 측에서는 일만 명 분량의 떡국이 준비돼 있다고 홍보한다. 안내 방송의 요지는 질서 유지 차원에서 이것저것을 협조해 달라는 것이다.

한쪽으로 인파가 몰리기에 따라갔더니 떡국 끓이는 현장이다. 아직도 우리는 줄 서는 문화에 익숙하지 못하다. 통제하는 사람이 여럿 있으나마나다. 우리 부부도 사람들 틈에 꽉 끼어 옴짝달싹도 할 수 없다. 얼마를 그대로 버티니까 서서히 두 줄로 만들어진다. 떡국 솥이 어마어마하다. 봉사자의 손길이 분주하고 순서대로 한 그릇씩 받아 자리를 뜬다. 우리 내외도 떡국을 받아서 한자리를 차지하여 맛있게 먹는다. 그야말로 별미다. 갖은 재료를 다 넣어서 깊은 맛을 우려냈다. 확실하게 기념이 된다.

바닷가로 나선다. 이미 불그스레한 빛이 감돈다. 새해를 여는 해가 올라올 것이다. 행사가 시작된다. 도지사와 시장 등 관계자가 인사말씀을 하는데 사람과 사람들의 숲속에서 마이크 소리는 맑게 들리지 않는다. 근처에 있는 사람들끼리 합세하여 호응하고 박수를 보낸다. 촬영하기 좋은 곳은 일찌감치 사람들이 자리 잡고 기다린 모양이다. 해돋이 명소에 와서 떡국부터 챙겨 먹었으니 해돋이 명당을 차지하는 것은 저만치 뒤처졌다. 경험이 없어 일의 선후를 몰랐지만, 그래도 분위기에 젖어보는 것이 어딘가!

어느 순간에 해는 돋았다. 해돋이 그 찰나의 해를 맞이하지 못한 아쉬움이 남는다. 소박한 바람대로 인파 속에 묻혀서 설렘을 함께했다는 의미는 소중하다. 몇 분 늦었지만 무리들 뒷자리에서 해돋이 광경을 사진으로 담는다. 늘 바라보던 그 해이건만 왜 이리 색다르게 인식하려는 걸까?

밀물처럼 빠져나가는 인파에 휩쓸려 현장을 나온다. 행사장에서는 젊은이들이 '독도 수호 플래시 몹flash mob' 춤사위가 한창이다. 좀 더 즐겨야 하는데 발길은 행사장을 빠져나가고 있다.

큰 도롯가에 왔는데 도로에는 차선 하나가 온통 주차장으로 변해 있었다. 우리보다 더 늦은 사람들은 도로 차선에도 어김없이 주차를 해 놨다. 안전요원들도 어찌할 도리가 없었나 보다. 아니면 해마다 늘 그랬을 것 같다. 문제는 내 차량을 찾지 못해 헤매고 있다는 것이다. 아내와 둘이서 갔던 길을 다시 가고, 근 반시간을 헤매다가 가까스로 내 차를 찾았을 때 그 반가움과 안도감이 파도처럼 밀려왔다.

돌아오는 길은 그야말로 차량이 거북이걸음이다. 어느 정도 예상은 했지만 이 정도일 줄이야. 두 시간을 차량에 갇혀 있었는데 고작 10km 왔다. 어떤 승객들은 차량에서 내려 걷다가 다시 차에 오른다. 나도 좀이 쑤신다는 말이 이때 쓰이는 말임을 알겠다. 내 운전 습관은 한 시간을 달리면 휴게소에서 쉬는 것인데, 엉덩이에 불이 나는 듯하다. 다행한 것은 용변 볼 생각이 없으니 운이 좋다고 해야겠다. 아내는 무리하게 해맞이를 제안해서 미안한 마음이 드는 모양이다. 피곤도 하겠지만 기가 한풀 꺾여 있다.

구룡포읍 시가지에 들어섰다. 도로변에 명물 대게를 찌는 김이 모락모락 솟아오르고 가게 안으로 사람이 연신 들어간다. 바로 그때 아내가 제안한다.

"우리 저 가게에 가서 점심 먹고 차 좀 빠지면 가자."

나도 즉각 동의하고 길가의 안전한 곳에 주차했다. 기지개가 자동으로 켜진다. 몸을 추스르고 식당에 들어간다. 빈자리가 몇 군데밖에 없다. 이 식당은 오늘이 대목이다. 해마다 그랬으니 미리 많은 물량을 확보했으리라.

종업원에게 부탁해서 두 사람이 먹을 양을 주문하고 자리를 잡는다. 대게 향이 가득하다. 무슨 일이든 성급하게 화를 내거나 미리 부정적으로 판단해서 마음을 다칠 것이 아니다. 이렇게 좋은 식당을 만나고 생각에 없던 대게 음식을 즐길 수 있다니 여행의 묘미는 먹는 재미를 뺄 수 없다고 여겨진다. 식당에서 한 시간 넘게 보내고 여유를 부리면서 다시 운전대를 잡는다. 도로 사정이 훨씬 수월하다. 새해 첫날에 일생의 소망 하나를 이루고 나니 개선하는 장군의 기개氣槪는 아니더라도 아내에게 낯이 선다. 갑작스러운 여행을 기획하고 즉각 실천에 옮길 정도의 용기와 젊음이 있음을 감사한다. 겨울 바다의 해돋이 인파에 섞여 고생한 추억의 향기가 우리 두 사람의 뼛속까지 오래 남을 것이다.

변화와 수용

아내와 산행을 하던 중 나는 뒷짐을 하고 산을 오르는 내 모습에 화들짝 놀랐다. 내가 젊은 시절에 뒷짐질하는 것을 엄청나게 싫어했기 때문이다. 뒷짐을 하면 일단 행동이 느려지고 남의 눈에 방관하는 듯이 비친다. 물론 점잖게 봐 줄 때도 있다. 나는 무의식중이라도 주머니에 손을 넣지 않으려고 주머니를 아예 기워 버리기까지 했다. 그때 내 생각으로는 뒷짐을 하거나 주머니에 손을 찔러 넣은 행위는 싸워 보지도 않고 항복하는 전사戰士와 다름없다고 치부했다. 청년의 기상으로 어깨를 펴고 두 팔을 씩씩하게 흔들며 힘차게 걸었다.

아, 그랬던 내가 일흔 살을 넘어서자 변화하고 있다. 몸의 나이가 정신 연령을 따라잡지 못하는 것을 실감한다. 집에 있을 때에도 아내로부터 "어깨 좀 펴요."라고 충고를 몇 차례 들었다. 집에서 자세를 바르게 고쳐야만 밖에서도 수치를 면할 것이다. 그런데 지인이 보내준 공감 가는 글 중에 '나이가 들면 뒷짐을 하라.'고 권한다. 이건 또 무슨 말인가? 뒷짐을 하면 어깨가 저절로 펴지고 가슴을 앞으로 내밀게 되어 허리의 굽어짐을 예방할 수 있단다. 이런 정보의 힘으로 생각이 서서히 바뀌어 가더니 어느덧 몸에 배었다. 뒷짐을 한 채 산을 오른다. 참 내가 많이 달라졌다. 나이가 듦에 따라 생각이 바뀌고 행동의 변화를 받아들이는 것이 결국 자신에게 이득이다.

평상시에 우리 부부는 서로의 관심 분야에 몰입하여 지낸다. 아내는 대화의 빈곤을 내 탓으로 전가했고 나는 번번이 궁지에 몰리곤 한다. 그런데 바깥으로 나오니 말문이 저절로 열린다. 밑도 끝도 없는 이야기의 주제는 가족사家族史와 관련된다. 갓 시집와서 시댁 식구를 모두 받아들여 공경해야 했으니, 아내의 고생은 이루 말로 다 형언할 수 없었다. 평생을 살아도 지워지지 않고 앙금으로 퇴적되어 심신을 괴롭히는 악종 바이러스이다.

한때는 아내가 조금만, 정말 조금만 변해 주기를 기도하듯 바랐다. 지금 돌아보니 그것은 매우 이기적인 남편의 바람이었다. 이제라도 아내의 마음과 사상, 모든 것에 동감해 주고 치유하며 살리라. 천혜의 자연, 숲속에서 지난날의 응어리를 녹이며 걷는다. 종심從心의 고개를 넘어서니, 아내를 진정으로 감싸 안고 그

가슴에 맺힌 한恨을 일호一毫라도 탓하지 않고 받아들인다.

부모 세대와 자식 세대 사이에서 아내와 나는 중간 지대에 산다. 우리가 부모님께 효행한 대로 자식에게 강요하거나 바라지를 않을 것이다. 시대와 세대가 변했다. 효를 존중하는 미풍을 학교와 사회교육 기관에서 가르치는 것과는 별개 사안이다. 우리 사회 전체적으로 어른을 공경하고 이웃을 섬기는 것을 누가 마다하랴. 내 자식한테 효도를 빌미로 희생을 바라는 부모가 어디 있으랴.

부모님께 진심을 드려 효행을 하되, 자식한테 효행을 기대하지는 않을 것이다. 자식들에게 폐가 되지 않도록 스스로 건강도 챙기고, 돈도 챙기고 할 일까지 챙겨서 삶이 지루하지 않게 열정을 다하리라 다짐한다.

다른 한편으로 보면, 여성들에게 명절 증후군이 얼마나 심한가! 유교적인 가부장제도의 인습을 지우고 창의적인 방안을 찾아야 한다. 가뜩이나 코로나19 감염병 여파로 사회적 거리 두기를 부르짖는 마당에 아주 간소화하고, 가족회의를 거쳐 집안의 여성들이 힘들지 않게 개혁을 단행해야 하리라. 전통을 고수하며 가풍을 잘 이어가면서 화목한 집안도 물론 있을 것이다. 그렇다고 이를 일반화하자고 부르짖는 것은 말이 안 되는 소리이다. 돌부리를 걷어차며 산길을 걷는다. 심호흡을 길게 하면서 마음과 생각의 찌꺼기를 뱉어낸다. 참 모처럼 만에 아내와 나는 의견의 합치를 경험한다.

산행의 목표 지점인 정자亭子에 올라 인증 사진을 남긴다. 하산길에 중년의 여성 두 사람이 느린 걸음으로 앞서가는데 큰 소리로 이야기를 나눈다. 우리는 걸음을 천천히 하며 적당한 거리를 유지한다. 빠른 걸음으로 지나쳐 가자니 길이 좁고, 이야기가 시종 들리니 엿듣는 것처럼 민망하여 무척 힘들다. 그때 마침 우리 아파트로 내려가는 샛길이 나온다. 경사가 심해 기피하는 길인데 오늘은 사정이 다르다. 당초 계획과 달리 하산길을 바꾸었다. 그것이 남을 배려하는 것이라고 여겨졌다. 아울러 우리도 마음이 편안해지는 선택이었기 때문이다. 경우에 따라 상황을 살펴서 나를 바꾸는 것이 나와 이웃에게 유익함을 알겠다. 인간의 삶은 변화를 거듭하며 마침내 완성되어 간다.

습관 들여다보기

자가운전을 한 지 삼십여 년이다. 내 나름대로 두 가지 규칙을 꼭 지키려고 애썼다. 안전띠 착용과 방향 지시등을 켜는 일이다. 뇌리에 박혔고 몸이 인지할 정도까지 되어 나는 무의식중에 이를 실천하게 된다. 이처럼 익숙하게 된 데에는 가치관이 결정적인 요인으로 작용했다는 생각이 든다. 나는 '자동차' 하면 '안전'이라는 구호가 툭 튀어나온다. 차 문을 열고 운전석에 앉으면 열쇠를 꽂고 안전띠를 맨다. 그리한 다음에 시동을 건다. 방향 지시등은 아파트 지하 주차장에서도 커브를 돌 때마다 반드시 켠다. 그리고 목적지까지 가는 노선을 머릿속에 그려 놓고 어지간해서는 차선을 바꾸지 않는다. 이러한 운전 습관은 철저하게 안전을 우선하는 가치관으로 인해 체화體化된 것이라 하겠다.

습관적으로 무슨 일을 하면, 늘 하던 대로 형식적으로 답습하는 것이라고 어떤 이는 평가 절하한다. 습관을 세밀하게 들여다보면 그렇지 않다. 가치 있는 일이라면 어떤 것이든 무의식중에도 실행할 만큼 익숙한 습관이 되어야 마땅하다. 습관이 되어 있다면 그 분야의 일에 능숙한 실력자 내지 수준급이라는 평판을 들어야 하지 않겠는가. 삶에 보탬이 되는 명확한 가치와 연동되어 있다면 형식적인 일이라고 쉽게 내몰 수는 없을 것이다. 거기엔 정성을 기울인 흔적이 고스란히 쌓여 있기 때문이다. 아무런 내용도 없이, 고뇌한 흔적도 없이 무성의하게 일을 처리할 때 매우 '형식적'이라는 비판을 들을 수는 있어도 확실한 신념이 녹아 있는 행위를 두고 딴소리하는 것은 옳지 않다.

습관의 사전적 의미는 "어떤 행위를 오랫동안 되풀이하는 과정에서 저절로 익혀진 행동 방식"이다. 무슨 일이든 습관이 되면 그 사람의 인격의 일부가 되고 운명을 좌우하게 된다. 그만큼 스스로의 행동에 책임을 지는 성숙함이 앞서야 할 것이다. 비근한 예로서 나는 밥상머리에서 좋은 습관을 가져야 한다고 생각한다. 요즈음은 가족끼리 한상에서 밥을 먹는 횟수가 적다. 부부 둘이서 마주한 식사 시간에도 반드시 지킬 예의가 있다. 식사 예절이 체화되어 있으면 행복한 가정이다.

나는 평생 직장인 교단에서 퇴임한 이후로는 아내와 함께 식사 준비를 한다. 계란 프라이 및 토마토 굽는 것은 나의 몫이다. 쉬운 것부터 차근차근 배우고 익힌다. 식사 시간을 느긋하게 잡고 이야기를 나눈다. 먼저 할 말은 아내의 솜씨를 칭찬하는 것이다. "간이 맞고 맛있다.", "무김치 맛이 제대로 들었네." 등등. 그런 다음엔 실제로 맛있게 음식을 먹는 모습을 보여준다. 약간의 연출이어도 괜찮다. 한쪽에서 능동적으로 나서면 덩달아 음식 맛이 난다. 분위기가 그처럼 중요하다. 뜬금없이 이전 반찬을 찾으면 분위기는 급작스레 가라앉는다. 현재 눈앞에 있는 것을 성찬盛饌으로 알고 감사해야 한다.

밥상머리에서 신문을 보는 버릇, 함께한 식구의 동의 없이 텔레비전을 시청하는 버릇 등은 철저하게 바로잡아야 한다. 음식을 골고루 챙겨 먹는 일에 집중해야 한다. 상차림에 올라온 음식은 한 번씩이라도 꼭 맛을 보아야 한다. 정성껏 상을 차린 아내 처지에서는 어떤 반찬을 잘 먹는지 지켜보고 있다. 만약 한 번도 젓가락이 가지 않는 반찬이 있었다면 섭섭할 것이다. 혹시 반찬이 입맛에 맞지 않더라도 면전에서 타박을 하지 않아야 한다. 이런 일이 반복되면 반찬 투정하는 악습이 고착될 수 있기 때문이다. 집안의 화목과 행복의 단초를 밥상머리에서 가늠할 수 있기에 누구나 식습관을 유의해야 하겠다.

사람의 성품도 알게 모르게 습관 형성에 작용한다. 대인관계가 좋은 분들은 대다수 언어 습관이 남다르다. 남을 배려하고 포용하는 사람들은 말투가 점잖고 따뜻하다. 반대로 어떤 이들은 말투가 거칠고 빈정거리는 듯하다. 성격이 까칠한 사람은 걸핏하면 남을 비판하려고 덤빈다. 반면에 어떤 이들은 항상 사람을 감싸안고 분위기를 살린다. 나는 부정적인 말버릇을 고치려고 작심하고 실천한다. 대화 내용 속에 '안 한다.', '못 한다.' 등 부정의 말을 쏙 빼낸다. 또한 부정의 뒷말을 이끄는 어휘들 '여간', '결코' 등을 제한하여 쓴다. 조금만 마음을 기울이면 긍정의 말글로 바꾸어 전달할 수 있다. 이 같은 노력을 오래 지속하다 보니 긍정의 사람으로 변화되는 듯하다.

간혹 학부모님들을 대상으로 강의할 기회를 얻는데 그때도 늘 강조하는 사항이 하나 있다. 자녀들 앞에서 질책보다는 칭찬과 격려를 당부한다. 부모가 볼 때는 지금 아이가 잘못되어 이대로 두면 문제아가 될까 봐 걱정되겠지만 실은 그렇지 않다. 아이는 크면서 나름대로 스스로 깨닫고 바로 서는 자기 치유력이 생긴다. 어긋난 점을 덮어주고 사랑으로 감싸며 집중해서 격려만 하여도 어느 순간에 단점은 사라진다. 부모의 신뢰를 받으면 아이는 밝게 성장한다. 신뢰하며 격려하는 부모의 언어 습관이 자녀의 성품에 영향을 미친 결과이다.

그럼 습관을 좋게 만들고 유지하기 위해서 어떻게 해야 할까? 개인의 의지와 의욕이 필요하다. 삶은 잘 아시는 바와 같이 '라이브live', 즉 실제 상황이다. 오늘이라는 시간을 허투루 쓰지 말아야 한다. 치밀하게 계획된 생활, 절제된 실천이 따라야만 스스로 좋은 습관을 만들 수 있다. 지인知人 중 한 분은 좋은 습관을 위해 대학 시절에 열 가지 실천 사항을 정해 매일 지켰다고 한다. 만약 하루에 실천하지 못한 사항이 생기면 한 끼를 굶는 벌칙도 스스로 지켜나갔다. 어떤 날은 네 끼를 굶은 적이 있었다고 토로한다. 자신과의 치열한 투쟁을 일 년간 했더니 좋은 습관이 몸에 익숙해졌다는 것이다. 그분은 지금 사회적으로 영향력을 미치는 지도자로서 존경받는 위치에 올랐다. 절제력과 실천력은 양날의 칼이다. 천부적인 자질을 키워 가는 쪽으로 작은 습관이라도 꾸준하게 실천하는 힘이 절실하다.

나는 아침에 눈을 뜨면 맨 먼저 책 읽기를 이십 쪽 분량 실천하리라 다짐하고 지켜온다. 자기 훈련이다. 이를 이행하기 위해 삼불三不 규칙을 정했다. 독서하기 전에는 컴퓨터, 텔레비전, 휴대전화기 등 세 가지 문명 기기의 유혹을 멀리하자는 약속이다. 그리고 아침에 희망의 일기를 한 쪽 적는다. 때로는 빼먹기도 하지만 십여 년 동안 꾸준하게 이어왔다. 하루의 할 일을 계획하고 가족들의 건강과 안전 및 성공을 기원하며 행복한 가정을 세우는 일도 챙긴다. 이리하면 떨어져 사는 부모님과 자녀들, 손주들도 바로 곁에서 함께 사는 것 같다. 앞으로도 희망 일기는 아침 일과에 꼭 넣을 것이다. 훗날 손주들이 성인이 되었을 때 할아버지의 일기장을 볼 기회가 있다면 할아버지가 수십 년 동안 자기들의 행복을 기원했던 흔적을 보고 뭔가를 느끼지 않을까. 적어도 자기 인생을 함부로 살지는 않을 것이고 사랑받고 자랐다는 자긍심을 품고 그들도 이타적인 삶을 살아갈 것으로 기대한다.

브라이언 트레이시Brian Tracy는 그의 저서 『백만 불짜리 습관』에서 성공하는 사람에겐 성공하는 습관이 있다고 갈파했다. 목표로 삼은 것을 이루기 위해서는 지속적인 훈련이 쌓여야 한다. 습관을 들여다보면 그 속에는 가치관과 성품, 그리고 자기 동기화된 수많은 노력과 훈련이 녹아 있다. 우리는 세상의 빛으로, 소금으로 살면서 선한 영향력을 끼치도록 누구나 거룩한 습관을 만들어가야 할 것이다.

왼손에게 기회를

누구한테나 균형 잡힌 삶의 태도는 중요할 터이다. 양손을 두루 균형 맞춰 쓰는 일도 같은 맥락이다. 요즈음 나는 왼손에게 더 많은 기회를 주고자 노력한다. 왼손을 푸대접한 것은 우리의 무관심 탓이다. 오른손을 위주로 쓰는 것을 옳다고 단정하는 데에서 오는 편견이다. '왼손잡이'를 장애로 여겼던 인습을 지우고 양손 사용하기를 선호함이 여러 면에서 이롭다. 우선 오른손으로 하던 일을 조금씩 왼손으로도 해 보는 연습부터 해 본다. 일상생활 가운데서 손쉬운 일부터 왼손 사용을 늘려나간다. 공직에서 물러난 이후 지금껏 살아온 것보다는 다른 삶을 희구하며 시작한 생활양식 바꾸기 전략이다.

식탁 차림을 눈여겨보자. 밥그릇은 왼쪽, 국그릇은 오른쪽으로 지정되어 있다. 위치를 바꿔 놓아도 문제될 일이 없다. 고정관념만 버리면 낯선 일이 아니다. 숟갈은 왼손에, 젓가락은 오른손에 든다. 양손을 사용해 본다. 첨엔 어색하고 서툴지만 어렵지 않다. 왼손의 동작이 굼뜸으로 인해 식사 시간이 더 늘어나고 음식을 천천히 씹게 된다. 인위적으로 여유를 만들어 즐기는 셈이다. 식후에 차 한 잔을 마실 때도 왼손에 스푼을 잡고 젓는다. 의식적으로 왼손을 우대한다. 아무리 왼손을 우대해 본들 지금껏 서운하게 대한 것을 다 갚을 길이 없을 것이다. 정년퇴직 때 동료들이 선물해 준 기념 반지는 왼손 중지에 끼워져 있다. 아무 생각 없이 그리했지만 지금 돌아보니 왼손에 대한 위로의 표시인 듯해 흐뭇하다.

양치할 때는 어떤가? 나는 칫솔을 양손으로 사용한다. 인중에서 수직으로 임의의 선을 내리긋고, 입안의 좌측은 오른손으로, 우측은 왼손으로 칫솔을 잡고 꼼꼼하게 이를 닦는다. 왼손에게 절반의 기회를 되돌려 준다. 이제부터라도 스스로 성찰하고 깨달은 것을 실천하며 새로운 변화를 즐긴다.

설거지할 때도 행주를 왼손으로 잡고 왼손의 근력을 활용한다. 숙달될 때까지는 신경을 써야 한다. 변화를 위해 새로운 시도를 한다는 자체가 신선한 충격이고 재미가 쏠쏠하다. 새로운 세상에 옮겨 와서 사는 듯하다. 자칫 빠지기 쉬운 무료함을 떨칠 수도 있다.

바깥으로 나설 때는 어떡하나? 비 내리는 날, 우산을 받쳐 든 손은 영락없이 왼손이다. 오른손은 보조 역할을 한다. 행인들 속으로 스며들어도 눈치채는 이가 없다. 별로 티 나지 않는다. 어쩌면 지극히 작은 변화인데도 자신을 향한 울림은 크다.

이제 와서 원망한들 무슨 소용이 있을까마는 『예기』엔 "자능식식, 교이우수子能食食, 教以右手"라고 가르침을 준다. 자식이 밥을 혼자서 먹을 수 있게 되면, 오른손을 쓰도록 가르쳤다. 부모가 전적으로 나서서 강제로 오른손을 쓰도록 교정矯正했음을 알 수 있다. 이런 연유로 편의시설의 대부분이 오른손 사용을 전제로 설계되어 있다. 왼손에 대한 지독한 오해가 우리들 의식 속에서 많이 완화되기는 했지만 아직 개선할 여지는 군데군데 엿보인다.

하지만 반가운 기록물도 보인다. 기타리스트로서는 드문 왼손 연주자였던 지미 헨드릭스Jimi Hendrix는 "왼손으로 악수합시다. 그쪽이 내 심장과 가까우니까."라는 명언을 남겼고, 걸스카우트·보이스카우트 교재인 스카우트 교범에는 "스카우트는 심장과 가까운 왼손으로 악수를 한다."라고 적혀 있으며, 실제로 지휘관이나 계급이 높은 자와는 왼손으로 악수를 하는 동시에 오른손은 경례를 한다. 이 얼마나 신선한 문화의 충격인가.

이를 계기로 나는 '균형'이라는 핵심 가치를 붙잡았다. 최근 신조어 가운데 '워라밸'이 뜬다. '일과 삶의 균형work life balance'의 줄임말인데 일과 생활이 조화롭게 균형을 이루는 삶을 지향하며, 특히 직장인들에게 '저녁이 있는 삶'을 보장해 주는 장치이다.

개인 생활보다 직장을 우선시하는 것을 당연하게 여겼던 세대와 달리 요즈음 신세대는 일 때문에 자기 삶을 더 이상 희생하기를 꺼린다. 과중한 업무와 과도한 스트레스에서 벗어나기 위해 패스트 힐링fast healing 즉 자투리 시간을 활용하여 활력을 재충전하는 여러 문화 트렌드가 인기를 끌고 있다. 도심의 다양한 카페에 사람들이 북적이는 것은 다 이유가 있었다.

일상적인 가정생활을 둘러봐도 성 역할 균형을 맞추어야 행복하다. 무심코 "여보, 내가 도와줄 일 없어?"하고 생색을 내고 보니, 뒤통수가 화끈 달아올랐던 적이 있다. 부부가 의논해서 일을 분장해 놓지 않은 한, 아내의 일이 곧 남편의 일인데 어느 때나 생각나면 선뜻 나서서 처리하면 될 것이다. 이것이 쉽지 않은 연유는 유교 문화권에서 여성들이 운명처럼 가사를 떠맡았던 잔재를 남성들이 다 씻어내지 못한 탓이다. 부인을 '안사람'이라 하고, 남편을 '바깥양반'이라 부른 것을 보면 확연하게 성 역할을 구분 지은 것이 드러난다.

이제 새 시대에 맞는 새로운 가치관으로 갈아입고 행복 가정을 위해 양성평등 문화를 이루고 성 역할의 균형을 함께 추구해야 한다. 우리 몸에서부터 생활 전반에 이르기까지 균형의 가치를 확장시켜야 하겠다. 인터넷 광장을 뜨겁게 달군 핫뉴스에는 여성 관련 어휘를 성 중립적 대안 언어로 대체하자고 요청한다.

일례를 들면, 일반적으로 쓰이는 '자궁子宮'에는 '아들자'가 들어 있어 남아 선호사상을 심어주므로 '포궁胞宮'으로 대체하자는 주장이다. 이를 주장하는 단체에서는 언어에 반영된 성 고정관념이 개인의 무의식과 사회 통념의 기반이 될 것을 우려한다고 소회를 밝힌다.

뿐만 아니라, 결혼하면 아내는 남편의 부모를 '아버지, 어머니'로 호칭하는데 남편은 아내의 부모를 '장인, 장모'로 부르는 것은 형평에 어긋난다는 지적이 있다. '장丈'의 뜻은 '어른'을 지칭하는 정도에 그치므로 동등하게 '아버지, 어머니'로 불러야 한다는 대안이 설득력 있어 보인다. 이처럼 자세히 들여다보면 균형을 무너뜨리고 있는 요인들이 여기저기에 잠복해 있다.

흔히 우리들의 삶은 홀로의 삶이 아니라고 힘주어 말한다. 행복은 더불어 살아가는 삶 속에 있다. 때로는 마음의 현미경으로, 때로는 생각의 망원경을 가지고 너와 나의 삶을 들여다보자. 그리고 양손을 사용함으로써 내 몸의 균형을 맞추듯이 우리 의식이나 일상생활에서 '균형'을 회복시킴으로써 행복한 사회를 이루어 나가기를 바란다.

마스크 대란大亂

대문호 윌리엄 셰익스피어는 "당신의 얼굴은 일종의 책과 같아서 사람들은 당신의 얼굴에서 당신 마음의 이상한 문제들을 읽을 수 있다."라는 명언을 던졌다. 연이어 그는 "우리의 얼굴 속에서 명예와 진실, 그리고 충성심을 본다."라고 덧붙인다.

우리는 대인 관계를 통해 서로를 알아가고 믿는다. 말보다 먼저 눈짓, 표정과 미소로써 마음을 전하고 신뢰를 나눈다. 그런데 '코로나19' 감염병의 확산으로 온 인류가 팬데믹pandemic에 빠져 불안과 공포에 떨고 있다. 비대면이 일상화되고 대면하려면 마스크를 쓰고 2m 거리를 두도록 규제한다.

코로나19 감염병 예방에는 마스크 착용이 절대적이라 한다. 말할 때 튀어나오는 비말飛沫을 차단하는 것이 질병을 막아준다. 깨끗한 손으로 마스크를 만져야 하므로 자연스럽게 손 씻기도 잘해야 하고 손 소독제도 수시로 사용해야 한다.

이러다 보니, 온통 마스크 대란이다. 마스크가 생활필수품으로 격상하면서 품귀 현상이 일어나고, 집합 제한 장소에서의 마스크 미착용은 벌금 300만 원을 부과할 수 있다. 아직은 권고 사항 수준이지만, 여러 사람들이 일시에 한 장소에 모이는 행위가 위험하다고 판단되면 정부가 불법으로 규정하면서 형사 조치할 수 있게끔 되어 있다. 시민들은 약국 문 앞에 길게 줄지어 마스크를 구매한다. 초기에 물량이 모자랄 때는 정부에서 생년월일 끝자리 숫자를 기준으로 주 1회 구매 요일을 지정해 주며 질서를 유도했다. 마스크 목걸이 줄이 3,000원부터 일만 원대를 호가하는 등 다양한 색상과 재질로 출시되어 소비자들의 구매 심리를 파고든다. 코로나가 종식되어도 세계사에 남을 대란이다.

나는 여러 해 전부터 마스크를 애용했다. 그것은 자외선 차단 마스크였다. 정년퇴임을 하고 테니스 회원으로 가입을 하고 실외 구장에서 운동을 하면서 마스크는 필수품이 되었다. 얼굴이 검게 타는 것을 막고 피부 손상을 우려했기 때문이다. 그런데 이상한 것은 마스크가 점점 심리적인 안정감을 주었다. 예컨대, 바깥 볼일이 있을 때 맨얼굴로 나가기보다 마스크를 착용하면 안심이 되었다. 그것은 공직에서 물러난 후 편한 복장으로 외출하고 자유스럽게 지내는 내 모습이 현직 시절의 동료나 후배들의 눈에 초라하게 비칠까 봐 염려한 데에 기인한다.

횡단보도를 건너기 위해 신호를 기다릴 때 차량이 몰려오면, 누가 나를 알아보고 차창 너머로 안쓰러운 눈빛을 쏠까 봐 신경이 쓰인다. 남들에게 비난받을 일을 한 것은 없지만, 그래도 사람의 일을 알 수 없지 않은가? 무슨 일로, 어떤 경우에 나로 인해 상처를 입었거나 서운했거나 섭섭했다면, 나중에 언뜻 나를 스치기만 해도 그분은 기분이 나쁘지 않으랴.

혹은 그와 반대의 경우로 나에게 은혜를 입었다면, 그래서 혹여 만나 보고자 기대한 사람이 있다면, 예전만 못한 지금의 모습을 보고 실망스럽게 여기지 않을까? 남들에게 불쌍히 여김을 받는 것도 썩 좋은 일은 아닐 테니까. 어쨌든 마스크로 얼굴을 가리고 신분을 약간 감추는 익명성을 즐기게 된다.

실은 일상에서 마스크를 쓰고 대면하면 이득이 더러 있다. 여성들은 마스크를 핑계로 화장을 안 하거나 대충 해도 될 터이고 남성들은 직장인이 아니라면 면도를 하루, 이틀 걸러도 될 것이다. 면도날이 피부를 손상할 우려가 있는데 일 년에 삼백예순 번 할 것을 절반 또는 삼분의 일 이하로 줄일 수 있다면 피부 보호에 탁월하지 않으랴.

어떤 선생님이 타시도에 출장을 가서 모처럼 자유분방한 분위기에 휩싸여 친구들과 술 한잔을 하는데, 갑자기 한 젊은이가 나타나서 "선생님"하고 인사를 했단다. 거기에서 제자를 만날 줄 어찌 짐작이나 했겠는가. 화들짝 놀라서 해후의 반가움이랄까, 쑥스러움이랄까 하여튼 어색한 만남을 경험했다고 한다. 마치 공부 시간에 만화책 보다가 들키어 민망했던 것과 같았을 성싶다.

언제나 모범으로 살아야 한다는 것은 강박관념을 부추긴다. 나의 경우도 이와 같다. 교장실에서 정장 차림으로 결재를 하던 사람이 퇴임 이후에 넥타이만 벗어 던져도 그렇게 편할 수 없다. 일상복으로 갈아입고 수월하게 생활하는데, 만약에 나와 함께 근무했던 선생님이 우연히 그 모습을 본다면 자기 눈에 익은 모습과 달라 얼마나 허술하게 비칠까. 그래서 자외선 차단 마스크만 쓰고 다녀도 한결 마음이 놓인다.

왜 그런 것 있지 않은가? 나는 잘못해도 너는 모범을 보여야 한다는 이중심리 구조 말이다. 자신에게 들이대는 잣대는 들쑥날쑥한데 남을 비판하는 잣대는 엄정하다. 하기야 지나치는 지인들이 나를 알아보더라도 '아, 요즈음 저렇게 지내는가 보다.'하고 괘념하지 않겠지만, 혹시나 '세월 지내니까 그 사람도 별수 없네.'하는 좌절감을 안겨 드릴까 봐서 적당하게 조심하는 편이다.

그러나 나의 마스크 애용을 다시 생각해 보게 된다. 한두 사람이 어떤 이유로 마스크를 착용하는 것은 특이한 사례로 묵과할 수 있지만, 온 국민이 마스크를 의무적으로 착용하며 살아가는 것은 결코 환영할 일이 아니라고 생각된다.

어쨌든 지금은 마스크를 제대로 착용하는 것이 생활 규범으로 자리매김됐다. 마스크를 정확하게 착용하지 않고 턱에만 걸치는 것을 '턱스크'라고 한다. 그리하면 예방 효과가 없어진다. 예능 프로그램에 출연하는 배우나 연예인들이 모두 정상적인 마스크 쓰기에 수범할 것을 국민들이 나서서 재삼 당부한다.

이제는 생활공간 어디든지, 언제든지 마스크를 착용하는 것이 예절이요, 남을 위한 배려이다. 마스크가 선물하기 좋은 품목으로 대우받는다. 마스크 없는 외출은 엄두도 못 낸다. 외출했다가 돌아오면 가족을 위해 집안에서도 마스크를 써야 한다.

하지만 무슨 구실을 갖다 붙여도 마스크를 끼고 일상생활을 강요받는 세상은 비정상이다. 프란시스 베이컨의 말을 빌리면, 아름다운 얼굴은 무언의 추천장을 겸비하고 있다. 첫눈에 반한다는 말이 왜 생겼을까? 우리는 대면하자마자 제일 먼저 얼굴의 포인트인 눈을 마주 본다. 눈은 진실의 창문이다. 진실하지 못하면 상대의 눈을 피한다. 눈을 아래로 내리깐다. 양심의 작용이랄까 정직하지 못하면 똑바로 쳐다보지를 못한다. 낯빛이 순식간에 바뀌기도 한다.

이런 관점에서 보면, 비대면으로 대화를 하거나 정보를 교환할 때는 상대방의 눈을 똑바로 바라보는 부담이 덜할뿐더러 표정을 감출 수 있기에 어쩌면 편하게 말하고 부담 없이 들을 수 있겠다. 오직 말소리의 억양이나 어조를 통해서 정을 느끼고 진실 여부를 가늠해야 한다. 그리하면 직접 대면할 때보다는 정확성이나 진실함이 다소 떨어질 수 있으리라.

만약 모든 이들이 정체성을 숨기고 산다면 그 사회는 상당한 혼란에 빠지지 않을까? 타고난 제 본얼굴을 온전히 드러내고 서로 간에 웃음과 위로의 말을 나누는 것이 일상의 아름다움이 아니겠는가. 드디어 코로나 백신이 개발되어 미국을 비롯한 여러 나라에서 접종을 시작했으며, 우리나라에서도 모 제약회사에서 치료제를 개발하여 환자들에게 투여할 시기를 앞두고 있다니, 마스크를 벗어던지고 활기를 내뿜으며 살아갈 날이 속히 오기를 학수고대한다.

마음 공부

나의 병영 생활 2년 11개월간을 돌아보며 추억한다. 나에게 군대 생활은 국민의 의무를 넘어 인성 훈련소에서 인성을 개발하는 것처럼 유익했다. 대학 재학 기간에 전문 지식을 쌓으며 직장을 얻기 위해 앞만 보고 달렸는데, 병영兵營이라는 제한된 구역에서 명령에 복종하는 규율 아래 새로운 경험을 하였다.

남들과 어울려 사는 곳이기에 질서를 지키는 것이 기본 수칙이다. 자기의 할 일을 완수해 놓고서 옆을 돌아보고 함께 팀워크를 구축하는 것이 단체 생활의 강한 힘이다. 나의 보직은 전차tank 조종사이다. 자전거를 운전하고 그다음에 전차 운전대를 잡았다. 승용차 운전보다 십오 년을 앞서서 전차를 조종했다. 위험한 기기를 조작하다보니 군기軍紀가 워낙 세다. 새로운 기능을 배우고 익히는 과정에서 고된 훈련을 받았다. 그 시절의 고생이 인생의 보약이 되었다. 그리하여 어느 정도 힘든 일은 군 복무 시절을 생각하면 무엇이든지 척척 해낼 자신감이 생긴 것이다.

우선 내 임무에 충실하고 한 건의 사고도 없이 안전에 유의할 것을 재삼 다짐하였다. 그러면서도 시간을 아껴 무엇이든 삶에 도움이 될 것을 배우고 익혀야 한다고 생각하였다. 부대 내에 있는 '엘리사교회'에서 들은 목사님의 설교 중 한 대목을 생활 속에 적용했다.

"물질의 경제관보다 시간의 경제관을 바로 가져야 한다."

이 한마디를 마음에 새겨 삼 년 세월을 의미 있게 가꾸려고 스스로를 다잡았다. 휴식 시간에는 책을 읽고, 신문도 보며, 유익한 내용을 꼭 기록으로 남겼다. 기초적인 훈련을 소화하고 업무가 손과 눈에 익은 뒤부터는 병영 일기를 기록하였다.

일요일이면 종교 모임이 있는데, 나는 기독교 예배에 참석했다. 부대에 군종 사병의 보직을 받아 온 병사가 있었고, 각 중대에는 병사들 중에서 그나마 독실한 신자가 군종 업무를 맡아서 예배당에 나오는 사병들을 인솔하였다. 나는 우리 중대 내에서 군종의 역할을 해냈다. 아예 주일에는 아침밥을 금식하고 교회당 청소 및 정리 정돈을 하고 예배 환경을 만드는 일에 몰두하였다.

당시 예배 처소는 탄약 창고를 개조한 곳이다. 수리할 곳이 여럿 있었으나 문제는 예산 조달이 어려웠던 것이다. 그리하여 주일날 설교 목사님으로 초청되어 오신 교회에서 일부 지원을 받았고, 나머지는 주일날 장병들이 헌금한 돈으로 수리비를 충당하여 강단을 보수하고 집기를 새로 구입하였다.

나는 재정을 맡아서 관리했다. 교회당 수리를 위해서 헌금을 더 많이 모아야 했기에 내가 제안하여서 십일조 봉투를 마련하고 취지를 알리고 협조를 요청하였다. 주일마다 십일조 헌금이 올라오고 목사님의 축복 기도가 길게 이어졌다. 한 번은 대대 본부에서 호출하여 상관 앞에 갔더니 교회 재정에 대한 조사를 하였다. 십일조 헌금을 너무 강조하지 말라는 지시를 받았다. 1970년 초에 서정쇄신庶政刷新이라는 구호를 내세워 부정부패 요인을 단속하였다. 물론 아무런 잘못이 없었기에 무사했다. 대대장님 가족이 예배에 나오시므로 장교들 중에도 많이 참석하였고, 병사들은 일정 인원이 뽑혀서 늘 예배당을 가득 채웠다. 일주일에 한 번 듣는 설교 말씀이 정신적인 양식이 되었다.

부대의 특수한 사정상 휴가가 지체되었다. 첫 번째 겨울을 맞이했다. 전선의 겨울은 유난히 추웠다. 어느 날 중대장님이 퇴근하시면서 나더러 저녁에 대대장 숙소에 들러 보라고 하셨다. 숙소에 갔더니 대대장님께서

"귀관이 중학교 교사로 근무하였는가?"

라고 하문下問하시기에 그렇다고 아뢰었더니, 아들이 중학생인데 겨울방학을 맞이하여 이곳에 와 있으니 저녁에 공부를 한두 시간 봐 달라고 하신다. 그리하여 저녁마다 휴식 시간에 대대장 숙소에 가서 아이의 공부를 보살펴 주었다.

마치 휴가를 나와서 집에 와 있는 것처럼 평안하였다. 사모님이 과일이랑 먹을 것을 챙겨 주셔서 호강을 누렸다. 내무반의 다른 병사들에게 폐를 끼치지 않으려고 내 업무를 더 치밀하게 하였다. 동료들의 시선이 나를 부러워하는 듯하였다. 그럴수록 더 신중하게 행동하고 밉게 보이지 않으려고 노력하였다. 한 달 공부를 마치자 사모님이 용돈을 주셔서 동료들에게 맛있는 것을 대접할 수 있었다. 엄동설한에 포근한 봄날 같았던 기억이다.

전차 조종사의 본업인 조종하는 일은 평상시에는 거의 하지 않는다. 봄, 가을철에 대대적인 훈련이 있을 때만 전차를 몰고 훈련장에 나간다. 내게 힘든 일은 분기별로 실시하는 전차 장비 점검 및 분해와 조립 등이다. 나의 경우는 신체적인 조건이 약골이어서 크고 무거운 장비를 손질하는 데에는 적격자가 아니었다. 그러던 중에 사무실에서 교육계 업무를 보던 고참병이 제대를 앞두고 나를 후임자로 지목해 주었다. 중등학교 교사를 하다 온 나의 경력을 고려하여 그 선배가 중대장님께 추천하였다. 하나님의 은혜였다.

한 번은 저녁 식단에 돼지고기 국이 나왔는데 식탐을 내어 체했나 보다. 자세한 영문도 모른 채 얼굴이 퉁퉁 부어올랐다. 부대 내에서 군의관의 진료를 받았는데 신장염이란 판정이 났다. 그리하여 초겨울에 후송되어 의정부에 있는 육군병원으로 가게 되었다. 그곳에서 정밀 검사를 했더니 신장염이 아니었다. 단순하게 식중독 증세를 보였다가 정작 육군병원에 도착하니 얼굴에 있던 부기浮氣가 다 빠지고 멀쩡하였다. 담당 의사는 나를 아주 나쁜 병사로 몰아세웠다. 꾀병을 하여 부당하게 후송되어 온 것으로 낙인을 찍었다. 다소 억울하지만 어찌할 도리가 없었다.

신장염으로 판정을 받아 왔기에 약을 처방해 주고, 식사 양을 다른 이들보다 절반 정도 줄여서 주므로 배를 곯았다. 자대自隊에 있을 때 아버지께서 여동생을 데리고 면회를 다녀가면서 용돈을 주셨기에 그 돈으로 간식을 사 먹으면서 지냈다. 여하간 동절기에 추위를 면하고 따뜻하게 한 달을 병원에서 보냈다. 성탄절을 앞두고 막상 자대로 복귀하려니 걸음이 떼어지지 않았다.

어느 정도 병영 생활에 익숙해지고 나니, 야간 보초 서는 일이 제일 귀찮고 힘들게 여겨졌다. 아직 제대까지는 한참 남았는데 걱정거리였다. 그래서 마음을 바꿔 먹기로 했다. 나는 야간 보초 서는 일이 기다려지도록 스스로 특별한 의미를 부여했다.

'몸의 건강을 유지하기 위해 체력 단련을 하는 시간이다.'

라고 생각하기로 한 것이다. 그전 같으면 불침번 사병이 보초 나갈 시간이라면서 흔들어 깨우면 짜증부터 났는데, 마음을 달리 먹은 뒤로는 기분 좋게 일어날 수 있었다. 그리곤 신속하게 옷을 차려입고 교대 근무하러 나간다. 한 십 분이라도 일찍 교대하여 주면 동료가 그렇게 고마워한다. 이런 수법으로 인간관계를 우호적으로 만들 수 있다니 정말 획기적인 일이었다.

한 번은 나보다 일여덟 살이나 적은 동생뻘 되는 병사가 하사 계급장을 달고 전입 왔다. 군대 사회이니까 상급자의 지시에 따라야 하고 복종해야 한다. 무슨 일을 시키면 나의 건강을 위해 체력 단련할 틈을 주어서 고맙다는 식으로 받아들였다. 매사에 이런 방식으로 했더니 지시 받은 업무를 좋은 마음으로 해낼 수 있었다. 어떤 명령이든 달갑게 여기고 흔쾌히 수용하여 성과를 내면 상급자도 만족해한다. 나아가서 나의 인성도 좋게 평가해 주는 것을 알게 되었다.

군대에서 보낸 기간은 결코 허송세월한 것이 아니었다. 전우애를 나누면서 피 한 방울 섞이지 않아도 형제처럼 진한 사랑을 경험했고, 마음을 잘 관리만 하면 어떠한 상황에서도 좌절하지 않으며, 절대 희망을 가꿀 수 있음을 배웠다. 제대를 앞둔 어느 주일날 목사님의 설교 말씀은 지금까지 큰 울림으로 내 삶을 지배한다.

'장병들이여, 언젠가 제대할 날이 올 것입니다. 사회에 나가면 부디 성공하여 부자가 되십시오. 그리고 돈을 모으면 모을수록 하나님을 의지하며 자신을 더욱 불쌍하게 여기십시오.'

묘지 단상斷想

경칩 절기를 지나자 창가의 매화나무 꽃망울이 아침저녁으로 눈인사를 건넨다. 그날 아침에도 창 너머로 꽃망울을 살피는데 아파트 담장 밖 소방도로에 작업복 차림을 한 일꾼들이 대거 몰려온다.

'무슨 일이지?'

포클레인과 트럭도 뒤따른다. 곧장 산기슭으로 오르더니 묘지 정비 작업을 일제히 펼친다. 시끌벅적하다. 소나무 곁가지를 쳐내고 겨우내 쌓인 마른 잎을 긁어내며 골짜기에서 내려오는 도랑도 손질한다. 거실에서 그분들의 일하는 모습을 또렷이 내다볼 수 있다. 정오 무렵에 다시 내다봤더니 산소 여섯 기基가 더욱 훤하게 드러났다. 내가 바랐던 바는 아니지만 어떡하겠는가.

실은 새 아파트에 보금자리를 마련하고 이사 오던 날부터 바로 턱 밑에 뵈는 묘지와 비석이 거슬렸다. 나만이 아니라 바로 위층에 사는 젊은이의 푸념도 한결같았다. 조용하고 공기 맑은 주거 환경을 높이 샀는데, 구슬 쟁반에 티 한 점이 묻은 격이다. 한여름에 숲이 우거지면 봉분이 다소 가리어지므로 시야가 편했는데 이제 그마저 기대할 수 없을 듯하다. 굳이 따지자면 택지 개발 이전부터 무덤은 그 자리에 있었다. 무덤을 자연의 일부로 바라볼 수 있는 나의 관점만 변하면 될 일인데 생각보다 쉽지 않다.

처음엔 봉분의 높이도 아담하고 잔디며 잡풀더미가 어우러져서 묘지 윤곽은 났어도 낯설지는 않았다. 그대로가 괜찮은데 주인의 처지에서는 좀 더 돋보이게 하고 싶었나 보다. 지난해 시제를 지낸 뒤에 대대적으로 묘원 다듬는 일을 감행했다. 어쩌면 근사한 아파트가 들어섰으니, 고층에 사는 입주민들이 내려다보고 조상을 모시는 정성이 모자란다 할까 봐 그리했던지 아니면 문중의 위상에 걸맞게 치성을 드리고픈 마음이 생겼을 수도 있으리라. 물론 사유지이니 아파트 입주민하고는 전혀 상관없는 일이다. 문제는 봉분을 갑절이나 높였다는 것이다. 기존의 봉분에 잔디를 여러 층 겹으로 쌓은 품새를 보면 산소 등에 꽃 필 날을 기대하고 있을지도 모른다.

어쩌면 이것은 시대의 흐름에 역행하는 일이 아닐까 싶다. 고향의 선배는 조상 산소를 한곳으로 이장移葬하여 가족 묘원을 조성했다. 국립묘지 형상을 본떠 차지하는 면적도 작게 하고 별초의 부담도 없앴다. 종전에 묘지가 차지했던 땅과 공간을 자연에 환원하였고 후손들의 노고까지 덜어 준 사례이다. 이를 지켜보신 가친의 분부를 받들어 우리 집에서도 부모님의 가묘 봉분을 없애고 현대식으로 간소하게 다듬어 놓았다. 아버지의 말씀이

"후세에 누가 와서 벌초하며 언제까지 돌볼 수 있겠느냐?"

라고 당위성을 거론하신다. 집안 식구들 모두 아버지의 예상을 뛰어넘은 변화에 놀라워했다.

타향에서 남의 문중 일에 토를 달 까닭이 있으랴만, 애초에 이사 오던 날부터 왜 무덤이 자꾸 눈에 거슬렸을까?

성경에는 "한 번 죽는 것은 사람에게 정해진 것이요 그 후에는 심판이 있으리니."(히브리서 9 : 27)라는 구절이 나온다. 신앙생활을 하는 내가 지식만 있고 삶 속에서 적용하지는 못했다는 자책이 든다. 또 "초상집에 가는 것이 잔칫집에 가는 것보다 나으니 모든 사람의 끝이 이와 같이 됨이라. 산 자는 이것을 그의 마음에 둘지어다."(전도서 7 : 2)라고 가르쳤다. 조석으로 가까이에서 묘지를 바라볼 수 있음이 내게는 엄청나게 복인 것을 늦게야 깨친다.

아침 햇볕은 산마루에서 차츰 내려온다. 정상 부근의 숲을 깨우고 중허리의 잡목 군락지를 쓰다듬으며 마을 단지로 신속하게 내려온다. 묘지 위에 태양의 손길이 닿고 두어 시간 지나야만 우리 동棟 이층 창가의 매화나무 꽃망울도 햇볕을 받아들인다. 앞동 건물이 턱 버티고 있어 거실 내로 볕이 들어오려면 열 시쯤 되

어야 한다. 그래도 동간 거리가 제법 있어 그나마 숨통이 트인다.

몇 날이 지난 후 마음을 바꾸고 나니, 묘지 바라보는 것이 아무렇지도 않다. 거실 창가에서 손짓하며 부르면 대답할 거리에 인생의 정답지가 펼쳐져 있다. 조상을 끔찍하게 모시는 주인의 마음 씀씀이도 짚어보게 된다. 부산시 문현동에 '안동네'라는 마을이 있다. 250여 가옥과 80여 기의 무덤이 함께 있는 특이한 점 때문에 유명세를 탔다. 한국전쟁 직후 택지가 모자라서 무덤이 있는 산동네에 판잣집을 짓고 살던 데에서 유래되었다고 한다. 집 안팎에 둥그스름한 묘지가 군데군데 있어도 보듬어 안고 지금껏 터전을 지키고 살아왔다. 십여 년 전에 시작한 벽화 마을 꾸미기 노력이 성과를 거두어 이제는 관광 명소로 거듭났으니 주민들의 공동체 정신이 정말 놀랍다.

이처럼 삶과 죽음이 공존하는 마을은 한두 곳이 아니다. 호주 시드니 여행 일정 가운데도 경험했다. 실버타운에 수많은 백발노인들이 함께 거주하는 공간을 봤는데, 바로 정면 길 건너편에는 공동묘지가 즐비하게 들어서 있었다. 그분들과 대화를 해 보지는 못했지만 정부의 지원을 받으면서 행복하게 살아가는 듯 느껴졌다. 눈앞에 맞닥뜨리는 무덤이 거기에 있든 말든 초연하게 낙천적인 모습이 인상적이었다. 동유럽 오스트리아 여행 중에도 장크트 길겐Sankt Gilgen 마을에서 모차르트 어머니 생가를 들렀다가 성당 한 곳을 견학했는데 경내에 가족들의 묘지가 가지런하게 모셔져 있었다. 꽃으로 화사하게 단장된 묘원은 아름답기가 그지없었다.

예나 이제나 죽음에 이르는 존재임을 알고 생애를 살아가는 사람은, 그렇지 않은 이보다 세월을 아끼고 더욱 치열하게 도전하며 보람된 성취를 이룰 수 있다. 아무리 삶과 죽음이 공존하는 세상을 살아간다 해도 생애 기간에는 '생명'에 방점을 찍는 것이 바람직하지 않을까? 죽음에 대한 만반의 준비를 갖추고 살되, 뜨거운 생명의 휘장으로 '죽음'이란 어휘를 살짝 가리어 놓고 매사에 소망을 품고 환난을 이겨내며 열정을 바치는 것이 생명에 대한 존엄이라고 생각된다. 그런즉 말 한마디를 하더라도 걸핏하면 '죽겠다.'라는 말을 꺼내는 말버릇을 고치는 것이 좋겠다.

며칠 전에 지인이 보낸 김형석 교수님의 동영상 강의를 시청했다. 김형석 교수는 '백 년을 살아보신' 삶의 소회所懷를 밝히면서 안병욱 교수, 김태길 교수와는 동갑내기로서 오십여 년을 절친하게 지냈는데, 두 친구를 먼저 보내고 홀로 남았다고 하시며, 친구 둘의 삶까지 살아주려고 지금도 부지런히 일한다고 하셨다. 이 시대를 살아가는 후진들을 향해서는 세월 잃어버리지 말고 구순九旬까지는 일할 생각을 하라신다. 또한 끝까지 배우면서 공부하라고 타이른다. 무엇보다 독서를 권장한다. 문화의 태양이 있어야 인류가 밝게 살 수 있기 때문이라 하신다. 참으로 감명 깊은 말씀이었다.

두 시간에 걸친 강의를 듣고 나는 많은 깨우침을 얻었다. 지난해 오월 이탈리아 여행지에서도 이에 버금가는 감동을 받았다. 시스티나 성당에서 가이드한테 들은 이야기인데, 미켈란젤로가 시스티나 성당의 천장 그림을 완성하고 나서 스케치북 한쪽에 적은 글이 '안코라 임파로Ancora imparo!'이다. 이탈리아어로 '나는 아직도 배우고 있다.'라는 의미이다. 그는 당시에 87세였고 그의 향년이 89세였으니 죽을 때까지 배우겠다는 숭고한 영향력을 인류사에 유산으로 남겼다. 그렇다. 우리는 살아있는 동안은 배우는 자세를 견지하고 실천에 옮겨야 한다. 생명의 끝자락에 죽음이 놓여 있을 뿐, 죽음을 향해 우리가 떠밀리듯 어영부영 흘려보내는 삶이 되어서는 아니 될 것이다.

그리움의 원천이 궁금하다

"천국에서 잘 있겠지."

"그런 사람이 천국에 안 가면 누가 가겠나?"

"주여, 주여!"

갑작스럽게 미망인이 되신 우리 어머니는 이별한 지 칠십여 일이 지났지만 여태 남편이 그립다. 어머니가 잠자리에 드시는 것을 보고 잘 주무시라고 혼정昏定 인사를 하고 방문을 닫아 드리고 거실에 잠시 머무는데, 어머니의 혼잣말이 띄엄띄엄 들려온다. 종전 같았으면 남편이 든든하게 옆에 있었건만 지금은 혼자서 잠을 청하자니 옆구리가 시리신가 보다.

"새집 지어서 그리도 좋아하더니만."

"얼마 살아보지도 못하고 빨리 갔는가."

"주여, 주여!"

거실을 정돈하고 소등한 뒤에 이층 내 서재로 올라왔는데 온갖 사념이 마음과 몸을 짓누른다. 어머니는 아버지보다 한 살 위이다. 지난여름 칠월 초순에 아버지는 98세를 향수享壽하시고 별세하셨다. 어쩌면 당신의 천명을 예감이라도 한 것일까? 아버지는 이삼 년 전부터 유언처럼 말씀을 하셨다. 하명下命하신 요지는 '이 집터는 할아버지가 물려주신 것이다. 절대로 팔아서는 안 된다.'라는 것이었다. 나는 그리하겠다고 약속했는데 어느 날엔 집을 새로 지으라고 재촉하신다.

왜 그리했을까? 아마 내가 미덥지 못해서 당신의 생전에 새집을 보고 싶었던 것이다. 나는 아내의 동의를 얻어서 고향 동네의 기존 건축물과 어울리게 목조 가옥을 새로 지었다. 아버지는 매우 흐뭇해하셨고 당장 구미시龜尾市에 있는 본가를 팔고 이사를 들어오라고 하셨다. 나는 아직 시무장로 신분이고 섬기는 교회와 생업의 터전을 단숨에 정리하기는 어렵다고 아뢰며, 고향 집을 잘 관리하고 간수하겠다고 재차 확약했다. 아버지는 그 후 한 해를 더 사시다가 홀연히 하나님의 부름을 받은 것이다.

아버지는 평소에 연명 치료를 하지 말라고 자녀들 앞에서 아예 선을 그으셨다. 병원에서 권하는 어떤 검사도 거부한다는 의사를 밝히셨고, 당신의 소원이 집에서 임종하는 것이었다. 정말 당신이 소망하신 대로 자택에서 노환으로 마지막엔 누워서 지탱하시다가 하나님의 부르심을 받았다. 어머니와 장남인 나, 막내딸과 사위, 요양보호사 등 다섯이서 임종을 지켜봤다. 그렇게 깨끗하게, 평안하게, 고요하게 숨을 거두시는 모습을 바라보고 모두 감동했다.

자녀 5남매가 중심이 되어 장례 절차를 엄숙하게 모시었다. 집례는 아버지께서 교적을 두신 교회의 목사님이 맡으셨다. 그리고 자녀들이 다니는 개교회의 목사님들 세 분이 순차적으로 오셔서 위로 예배를 드렸다. 하나님의 위로와 소망이 넘치었다. 화장火葬을 하고 유골을 선영先塋에 모시는 날까지 좋은 일기 가운데 도우신 하나님의 인도와 보호하심을 감사한다.

밤 아홉 시, 서재에서 나는 아버지와 어머니의 기억을 소환해 본다. 열 달 이전부터 아버지의 기력이 점차 떨어지는 모습이 보였다. 아버지께서 대문 밖 출입을 거의 하지 않으시더니, 지팡이에 의지하여 겨우 마당 서너 바퀴 돌고 햇볕 쬐는 것으로 운동을 삼으셨다. 한두 달 지나니, 이젠 현관문 바깥으로 출입을 안 하신다. 거실에서만 생활하신다. 그러던 어느 날 주일 예배 드리고 오후에 집에 왔더니 아버지가 방안에 누워 계신다. 그 길로 방 밖으로 나오지 못했다. 당신의 행동반경이 점차 좁혀지더니 결국 열이틀간 누워서 지내시다가 그야말로 기력이 소진할 대로 완전히 소진하여 돌아가셨다. 천수天壽를 누리신 것으로 믿어져 행복한 죽음이라고 할 만하다.

나는 열이틀 동안 아버지의 병상 일지를 적었다. 나로서는 많이 긴장되고 걱정이 앞섰다. 친구네 집에 문상을 가 봤지만 내가 상주喪主의 일을 겪어 보지는 않았다. 집에서 작고하면 경찰관의 조사를 받는다는 이야기를 들었기 때문이다. 때마침 아버지께서 요양보호 3등급을 받아 요양보호사를 신청할 수 있어 한시름 놓았다. 요양보호사가 하루에 3시간을 봉사해 주었다.

아버지의 기력이 약해져 누워서 생활할 수밖에 없는 처지가 되니 대소변을 받아내야 하고 기저귀를 차야 했다. 음식물을 떠먹여 드린다. 열흘 동안 그렇게 견디시다가 음식물을 거절하신다. 씹을 기력조차 다한 것이다. 자식으로서는 안타까워 겨우 미음 한 숟갈을 넣어 드렸는데 온종일 입안에 그대로 있었다. 그래서 생수나 미온수를 드렸고, 영양가 있는 유제품을 사서 숟갈로 입안에 떠 넣어 드렸다. 마지막엔 그것조차 마다하신다. 곡기穀氣를 끊은 지 이틀 만에 운명하셨다.

제일 슬프게 우는 사람은 어머니이시다. 어머니는 물론 장례식장에는 가지 않으셨다. 장손이 유골함을 들고 아버지께서 생시에 거처했던 방안을 돌며 고인故人과의 마지막 작별 인사를 할 때 어머니는 서럽게 소리 내어 우셨다. '미망인'이라는 말은 함께 따라서 죽지 않고 남은 사람이라는 의미를 담고 있다. 부부가 백년해로百年偕老하는 것이 행복한 소망인데 어느 한쪽이 먼저 세상과 작별하니 남은 한쪽이 힘이 든다. 어머니는 미망인이 되신 이후로 눈물과 하소연을 멈추지 못하신다.

내가 때때로 권면을 한다. 아버지는 천국으로 가셨으니 슬퍼하지 말라는 취지의 말씀을 여쭈었다. 들을 때는 수긍을 하시고 "아멘"으로 화답을 하지만 어머니는 금세 잊는다.

마침 국민건강보험지국에 신청한 어머니의 요양 등급이 4등급으로 판정이 나왔다. 가족회의 끝에 어머니를 주간요양보호센터에 입소시키기로 결정했다. 모든 요건이 충족되었다. 지인을 통해 집에서 차량으로 15분 이내 거리에 있는 주간요양보호센터에 연결되었다. 그곳에는 약 예순 명의 어르신들이 이용하고 있었다. 대다수가 할머니들이다. 혹시 어머니가 센터에 안 가시려 하면 어찌하나 걱정을 했는데 다행스럽게 순순히 따랐다.

예쁜 치매 증세가 있는 어머니는 생활에는 별반 문제가 없으나 단순 기억 상실이 심하다. 식구들이 지근거리에서 사랑으로 말벗을 해 드리고 화투 놀이도 같이 하고 일감을 만들어서 일에 심취하도록 도와드린다. 이 방법만이 돌아가신 남편에 대한 애통한 기억을 희석稀釋시켜 건강한 일상으로 돌아오게 한다고 생각하기 때문이다.

"내가 한 살 많은데."

"내가 먼저 죽어야 하는데 왜 나보다 먼저 죽었는가."

"주여, 주여."

어머니의 하소연이 귓가에 쟁쟁하다. 장남인 나를 비롯해 자식들은 신앙으로써 아버지의 죽음을 받아들이고 담담하게 생활에 복귀했지만 여전히 미망인은 슬픔을 가누지 못하고 속울음을 깊이 안고 지내신다. 80여 년 동안 고락苦樂을 함께한 세월 속에 미운 정情도 남았을 텐데, 남편에 대해 원망의 소리는 전혀 없고 고운 정만 꽃피워 밤마다 아버지를 찾는다. 부부지간의 그리움, 그 그리움의 원천이 궁금하다.

삶이 글이 되고 그 글이 다시 삶이 되는 선순환의 인생을 축복하며

— 첫 독자로서의 기쁨과 감사를 담아

배 지 연
경북대학교 국어국문학과 교수

김예희 선생님과의 인연은 도서관에서 시작되었다. 2020년 구미시립중앙도서관에서 진행되는 도서관 지혜학교의 자서전 쓰기 수업에 김예희 선생님께서 참여하신 것이다. 선생님은 가장 고령이었음에도 12주간의 수업과 자서전 출판 과정에 가장 성실한 모습을 보여주셨다. 나중에 알게 되었지만, 그러한 삶의 태도는 가난하지만 선하게 사셨던 부모님과 신앙에서 길어 올린 것이었으며, 삶터에서 가족, 동료와 학생, 이웃들과 부대끼며 스스로 체화된 것이었다.

김예희 선생님의 글에는 그러한 삶의 여정이 고스란히 담겨있다. 자신에게 주어진 삶에 대한 자족自足, 가족에 대한 사랑과 이웃과 더불어 사는 기쁨, 그리고 이 모든 것을 허락하신 창조주에 대한 경외와 감사. 선생님의 글은 진솔하면서도 마음을 그윽하게 울리는 묵직한 힘이 있고, 그 힘을 통해 한동안 지쳐있던 내 영혼에 따뜻한 물결이 일기 시작했다. 김예희 선생님의 삶과 글이 내게 준 선물이었다.

김예희 선생님께서 이번에 출간한 『특별한 선물』은 그간 선생님께서 해 오신 작업, 곧 글을 통해 삶을 그려내신 작업의 결과물이다. 삶의 원천인 부모님과 인생의 반려자인 아내와의 이야기를 담은 「사친 일화」, 퇴직 후에 강의와 글쓰기, 농사와 운동 등 강수농운講隨農運의 일상과 가족과의 따뜻한 시간을 담은 「소소한 행복」, 기독교인으로서의 은혜와 기쁨을 담은 「구원의 종소리」, 오랜 교직 생활과 퇴직 이후 인생 2막의 삶을 다룬 「변화와 수용」은 선생님의 삶에서 갈무리한 소박하지만 튼실한 열매이다.

'이웃을 이롭게 하며 지친 영혼을 살리는 글'이 되길 바라는 선생님의 소망은 이 글의 첫 독자인 나를 통해 이미 이루어졌음을 밝힌다. 자서전뿐 아니라 수필집에서도 발견했듯이, 선생님의 삶은 글과 책이 되고, 또 그 글에서 이야기한 대로 이후의 삶을 살아가셨다. 간절히 찾고 두드리면 신께서 가장 좋은 것을 주신다는 그 오묘한 진리에 늘 감사하며, 배우고 익히는 삶을 즐거워하고, 그것을 글로 갈무리하시는 김예희 선생님을 존경한다. “생명의 끝자락에 죽음이 놓여 있을 뿐, 죽음을 향해 우리가 떠밀리듯 어영부영 흘려보내는 삶이 되어서는 아니 될 것”이라며 살아있는 동안 배우는 자세를 견지하고 실천에 옮기시겠다는 선생님의 다짐을 응원하며, 이 책의 출간을 축하하는 글을 마무리하고자 한다.

김예희 수필집

특별한 선물

초판 1쇄 발행 2023년 2월 20일

지은이 김예희
펴낸이 이은재
편　집 권정근
디자인 이태호

펴낸곳 도서출판 그루
출판등록 1983. 3. 26(제1-61호)
주소 42452 대구광역시 남구 큰골 3길 30
전화 053-253-7872
팩스 053-257-7884
전자우편 guroo@guroo.co.kr

ISBN 978-89-8069-481-5